어슐러 K. 르 귄의 말

어슐러 K. 르 귄의 말

상상의 세계를 쌓아 올리는 SF 거장의 글쓰기

어슐러 K. 르 귄·데이비드 네이먼

이수현 옮김

마음산책

옮긴이 이수현

작가, 번역가. 서울대학교 인류학과에서 석사과정까지 공부했다. 2003년에 『빼앗긴 자들』로 번역을 시작, 어슐러 K. 르 귄의 여러 작품 외에 『킨』『블러드차일드』『체체파리의 비법』『노인의 전쟁』『유리와 철의 계절』『새들이 모조리 사라진다면』『아메리카에 어서 오세요』『아득한 내일』'얼음과 불의 노래' 시리즈, '샌드맨' 시리즈, '퍼시 잭슨' 시리즈 등 많은 SF와 판타지, 그래픽노블 등을 옮겼다. 저서로는 『북유럽 신화』, 러브크래프트 다시 쓰기 소설 『외계 신장』과 도시 판타지 『서울에 수호신이 있었을 때』 가 있다.

어슐러 K. 르 귄의 말

상상의 세계를 쌓아 올리는 SF 거장의 글쓰기

1판 1쇄 인쇄 2022년 12월 25일
1판 1쇄 발행 2022년 12월 30일

지은이 | 어슐러 K. 르 귄 · 데이비드 네이먼
옮긴이 | 이수현
펴낸이 | 정은숙
펴낸곳 | 마음산책

편집 | 성혜현 · 박선우 · 김수경 · 나한비 · 이동근
디자인 | 최정윤 · 오세라 · 차민지
마케팅 | 권혁준 · 권지원 · 김은비
경영지원 | 박지혜

등록 | 2000년 7월 28일(제2000-000237호)
주소 | (우 04043) 서울시 마포구 잔다리로3안길 20
전화 | 대표 362-1452 편집 362-1451   팩스 | 362-1455
홈페이지 | www.maumsan.com
블로그 | blog.naver.com/maumsanchaek
트위터 | twitter.com/maumsanchaek
페이스북 | facebook.com/maumsan
인스타그램 | instagram.com/maumsanchaek
전자우편 | maummaumsan.com

ISBN 978-89-6090-786-7 03840

정말 다른 뭔가,

틀림없이 인간이고 감정적으로 대단히 이해할 만하지만

정말 다른 뭔가와 접촉했다는 감각이야말로

소설이 해주는 위대한 일 중 하나죠.

어슐러 K. 르 귄(1929~2018)을 기리며

교열 담당자는 빨간 펜을 썼고, 어슐러는 연필을 사용했다. 겨우 일주일 전에 어슐러가 넘겨줬던 이 원고에서는 연필과 펜의 의견이 일치할 때도 있고 아닐 때도 있었다. 우리가 광고문을 어떻게 내보낼지를 두고 이메일을 주고받은 지도 며칠밖에 지나지 않은 때였다. 모든 것이 순조로워 보였다. 이제는 내가 어슐러와 교열 담당자의 의견이 맞지 않은 부분에 끼어들 차례였다. 그렇게 한창 작업 중이었을 때 어슐러가 떠났다는 사실을 알았다.

일주일이 더 지나고도 나는 여전히 내가 맡은 일을 할 수가 없었다. 스스로 할 말을 찾을 수가 없었기에, 닐 게이먼, 마거릿 애트우드, 조 월튼처럼 위대한 작가들이 바친 헌사를 읽었다.

나는 어슐러의 글씨를 다시 보았다. 열정적인 **좋아요!**와 사무적인 **제 생각은 다릅니다**를. 그러다 보니 어슐러가 이 책에 얼마나 온전히 참여하고 있는지, 얼마나 눈앞의 일에 철저히 임하는지가 보였다. 어슐러의 강력하고 자기주장 강하며 매혹적인 자아를 끌어내기에 너무 사소한 작업이란 없다는 것을 깨달았다. 그게 온 세상을 담아내는 일이나 다름없다 해도 말이다. 작가들을 위해 구글과 아마존에 도전한 어슐러, SF와 판타지계 속 남자들의 클럽에 맞섰던 어슐러, 지구, 우리의 행성인 바로 그 '지구'가 하나뿐이라는 사실에 더 신경 써야 한다고 한 어슐러.

어슐러는 큰일이나 작은 일이나 본질이 같다고 보고, 똑같이 몰두했다. 이 사실을 깨달은 나도 똑같이 해보려고, 어슐러가 했듯이 언어에 심혈을 기울이려고 했다. 여전히 이 책을 어슐러와 함께 출간하고, 함께 이 여정을 축복하겠다는 꿈이 사라져서 슬프다. 어슐러의 어떤 프로젝트라도 고마운 마음으로 참여했을 테지만, 특히 이 책, 어슐러의 길고 놀라운 삶에서 마지막으로 나오게 된 이 책에 참여하게 되어 영광이다.

어슐러를 작가로서 돋보이게 한 지점이 많지만, 그중 하나는 우리가 더 나은 미래를 살 수 있다는 상상이었다. 이제 우리가 원하는 세상을 상상하고, 그 세상을 반영하는 언어를 창조하고, 어슐러가 그토록 아끼던 '지구'를 기림으로써 그를 기리는 것은 우리 몫이다.

2018년 2월 1일
데이비드 네이먼

인터뷰에 대한 두려움과 혐오

내가 제일 두려워하는 인터뷰어는 출판사 홍보팀에서 책에 관해 쓴 보도자료를 읽고 오는 사람들이다. 편리한 발췌 문장까지 갖춰서 말이다. 이런 사람들은 그 발췌 문장을 크게 읽고 나서 진지한 목소리로 말한다. "자, 여기에서 하신 말씀에 대해 더 이야기해주시죠."

그런 인터뷰어들은 책을 한 권 쓴 유명인들과는 잘 맞는다. 그 유명인이 실제로 그 책을 썼는지는 중요하지 않다. 인터뷰어도 실제로 읽지 않았으니까. 인상적인 한 구절만을 원할 뿐이다.

"여기에 대해 더 이야기해주시죠"는 책에 정보나 메시지를 담았고, 그 메시지가 전해졌는지 확인하기 위해 되풀이해서 말할 열의가 있는 진지한 작가들에게도 통할지 모른다.

하지만 복잡한 문제를 최대한 언어에 잘 담아보려고 고심한 작가들에게는 통하지 않는다. 이런 작가들도 자신들이 한 말이 큰 소리로 읽히는 것이야 기쁘게 듣겠으나, 그 말을 다르게 표현하거나 더 잘 표현해야 한다고 하면 기뻐하지 않는다. "나이팅게일에 대해 쓰신 부분이 참 흥미로운데요, 키츠 씨, 좀 더 말씀해주시겠습니까?"

나는 운이 좋아서, 이런 준비되지 않은 인터뷰어와는 극과 극처럼 다른 분들을 만나왔다. 빌 모이어스와 몇 번 만나본 뒤 '좋은 인터뷰'에 대한 기준이 영영 고정되기도 했다. 좋은 인터뷰란 계속하고 싶어지는 인터뷰다. 하고 있는 말에 대해 전부터 생각해보았고, 말하고 있는 지금도 상대방이 하는 말에 비추어 생각해보고 있는 사람들끼리 나누는 대화다. 그러다 보면 그 자리에서 새로운 깨달음을 얻을 수도 있다. 서로 의견이 맞지 않을 수도 있고, 심지어는 근본적인 의견 차이가 있을 수도 있지만, 그런 차이를 적대감 없이 말하고 답하다 보면 대화를 더욱 치열하고 정직하게 끌어올릴 수 있다.

이제 나는 질문 한두 개만 받아보아도 불만만 남을지, 노력에 보상받을지를 안다. 불행한 결말이 뻔히 보일 때, 그 인터뷰를 계속하기란 양쪽 모두에게 힘겨운 일이다. 내가 '대체 그런 질문에 어떻게 대답하라고?' 하고 생각하는 동안 인터뷰어는 '맙소사, 또 10초 동안 침묵하다가 음, 이라고 하는군' 하고 속으로 한탄한다.

좋은 인터뷰란 멋진 배드민턴 랠리와 비슷하다. 두 사람이 셔틀콕을 계속 허공에 띄워놓을 수 있으며, 그러면 셔틀콕이 나는 모습을 지켜보기만 하면 된다는 것을 알 수 있다.

KBOO의 매력적이면서도 펑키한 녹음실에서 서로를 처음 마주했을 때 데이비드와 나는 조금 굳어 있었고, 낯을 가렸지만, 곧 대화에 빠져들었고 나는 우리의 셔틀콕이 날고 있음을 알았다.

소설가로서 나는 작품에 대해 말할 수 있을 뿐 아니라 부끄러움 없이 말하지만, 시인으로서 이야기할 때는 수줍음이 많고 아마추어스럽다. 시에 대해 이야기하는 사람들은 보통 다른 시인들을 향해 말하게 되는데, '다른 시인들'은 쉽게 만족하지 않고, 격렬한 자기 의견을 품고 있으며, 적대감이 강할 때가 많다. 배타적일 수도 있다. 글쓰기 워크숍에서 낭독의 밤이 있을 때면 나는 산문 작가들과 같이 앉아서 시인들의 낭독에 열심히 귀를 기울였다. 반면 산문 작가들이 낭독할 차례가 오자, 시인들은 모두 일어나서 나가버렸다. 게다가 영역 문제에 딸려오는 일종의 '시인 언어Poetspeak'도 있는데, 그건 나의 언어가 아니다. 이런 모든 이유에서 나는 데이비드와 시에 대해 인터뷰하는 것이 불안했다. 그러나 그 불안감은 바로 사라졌다. 대화에 푹 빠져드는 것만큼 빨리 불안을 치유하는 방법이 또 있을까.

나의 논픽션에 대해 이야기하는 것은 또 다른 방식으로 무섭다. 나는 인터뷰어가 내가 읽은 적도 없는 쇼펜하우어나 비트겐슈타인, 아니면 테오도어 아도르노가 내 글에 미친 영향을 논하려고 할까 봐 무섭다. 아니면 퀴어이론이나 끈이론string theory에 대한 견해를 물으면 어쩌나. 아니면 청중들에게 도가 사상이 무엇인지 말해달라고 하면? 아니면 (제일 가능성이 높은 상황인데) '인류의 미래'에 대해 물어보면 어쩌나. 내가 스스로 얼마나 무지한지 안다고 해도, 그 모습을 전시하고 싶지는 않단 말이다. 내 배움과 지성의 한계를 존중하고, 나에게 '델피의 예언자'처럼 굴라고 하지 않는 인터뷰어가 고맙다.

그리고 아주 가끔은 내가 정말 하고 싶은 건 일 이야기라는 사실을 아는 인터뷰어를 만나게 된다.

데이비드도 일 이야기를 좋아한다. 그래서 우리는 그 이야기를 나눴다.

우리가 그런 대화를 나누게 해준 KBOO에 감사드리고 싶다. 50년간 오리건에서 예술과 사상의 자유와 관용을 지지하는 가장 강하고 끈질긴 목소리로 있어준 데 대해서도 고맙다. 미국이 아우성과 거짓말과 분별 없는 폭력으로 갈가리 찢기느라 바쁜 중에도, 이런 목소리들 덕분에 아직 우리를 한데 묶어주는 내용을 들을 수 있다. 귀를 기울인다면 말이다.

2017년 10월 6일

어슐러 K. 르 귄

차 례

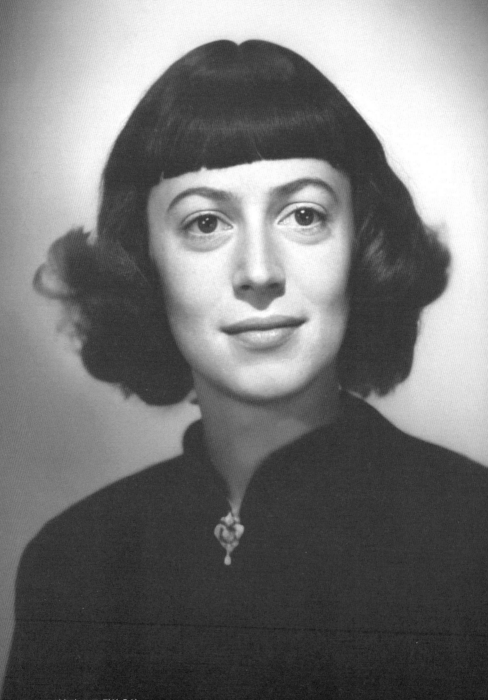

어슐러 K. 르 귄의 초상
(1953, Courtesy of Ursula K. Le Guin Literary Trust)

소설에 대하여

어슐러 K. 르 귄은 말한다. "아이들은 유니콘이 진짜가 아니라는 사실을 아주 잘 알고 있어요. 하지만 아이들은, 훌륭하기만 하다면 유니콘에 관한 책이 진실한 책이기도 하다는 점 또한 알지요."

성장기에 『어스시의 이야기들』을 읽던 내 경험이 바로 그랬다. 어스시에서는 마법이 흔했다. 마법사들이 지상을 걷고 용들이 하늘을 날았다. 그러나 그 이야기들이 나를 '현실'에서 멀리 데려갈수록 나는 진짜에 더 가까워진 느낌이었다. 어슐러 K. 르 귄은 가슴속 깊이 작가, 그것도 소설만이 아니라 상상력의 작가다. 그리고 그에게 상상이란 남는 시간에만 하는 무의미한 활동이 아니라, 우리가 우리이게 만드는 권능이다. "용이 존재한다는 사실을 부정하는 사람들은 용에게 잡아먹힐 때가 많지요. 속에서부터요"라고 경고할 정도다.

어려서부터 르 귄의 상상력이라는 날개를 타고 날아본 나로서는 '진짜' 어슐러 K. 르 귄을 만나면 어떨지 궁금할 수밖에 없었다. 내 상상 속의 작가를, 몇 개만 떠올리더라도 『어스시의 이야기들』에 나오는 마법의 땅, 『어둠의 왼손』에 나오는 양성애 행성 게센, 『빼앗긴 자들』에 나오는 아나레스의 탈권위-노동조합 사회 같은 세계를 만들어낸 마법사를 현실 세계, 즉 오리건주 포틀랜드에 사는 피와 살로 이루어진 여성. 나와 똑같이 일상의 거리를 걷는 사람, 내가 곧 소설 쓰기의 기본 기술에 대해 인터뷰할 사람과 비교하면 어떨지를 말이다.

우리는 이 대화를 나누기 위해 포틀랜드 동부 깊숙한 곳에 있는 거대한 자원봉사 체제의 커뮤니티 라디오 방송국인 KBOO의 스튜디오에서 만났고, 그곳에서 어슐러를 처음 본 나는 단단하고 냉철한 사람이라는 인상을 받았다. 바보들을 봐주지 못하는 사람. 오랫동안 잘 살면서 풍부한 경험을 축적했을 뿐만 아니라, 그 경험이 모여서 살아 숨 쉬는 지혜 같은 것으로 변화한 사람. 그리고 이런 지혜를 갖췄기에 가식이나 허세를 참아주지 않을 듯한 사람. 대화를 해나가면서 몇 번이나 확인했기에, 그런 첫인상은 이후에도 그대로 이어졌다.

이 현세의 실제 어슐러와 내가 상상한 다른 세상의 어슐러 사이에 모순이 있었냐고? 이상하게도 그렇지 않아 보였다. 실제와 상상 속을 분리할 수 없게 뿌리를 깊이 내리고 상상력의 가지를 하늘 높이 뻗어 올린 작가였다. 그럼에도 작품 밖 세상에서의 어슐러에 대해 알면 알수록, 보이지 않는 작품 내부의 상상이 현실을 움직이는 것이지, 그 반대가 아니라는 생각이 강해졌다.

미국 SF 판타지 작가협회가 선정한 'SF 그랜드마스터'이자 미국 의회도서관의 '살아 있는 전설'로서 이 세상에서 지닌 명성에도 불구하고, 어슐러는 계속해서 오클랜드의 아나키스트 PM 프레스에서부터 시애틀의 페미니스트 SF 출판사 애크덕트 프레스 같은 소규모 독립 출판사에서 책을 낼 뿐 아니라, 소통에 대한 정신을 공유하고 또 주변부에 있어 상대적으로 잘 들리지 않는 목소리들을 키워야 한다는 데 관심을 둔 KBOO 같은 방송국에 출연한다. 나로서는, 눈에 보이지는 않을지언정

어스시, 게센, 아나레스 같은 상상 속의 세계야말로, 서로 맺는 관계에 있어서나 땅과 맺는 관계에 있어서나 이 같은 상상 속의 대안적 삶이야말로 어슐러가 현실 세계에서 보여주는 이런 행동의 추동력이라 생각할 수밖에 없었다.

그리고 나는 곧 가장 재미없어 보이는 요소들조차도, 이를테면 문법이나 구문이나 문장구조 같은 것들조차도 보이지 않는 무엇인가에 의해 생동력을 얻는다는 사실을 알게 되었다. 감히 말하자면 그 뒤에, 그 너머에 존재하는 마법 같은 뭔가가 있었다. 우리 문장의 걸음걸이, 길이, 소리, 우리가 사용하는 시제, 시점, 대명사, 그 모든 것에 나름의 역사와 이야기와 정치적이고 문화적인 암시가 있고, 그 모든 것이 좋든 나쁘든 상상 속의 미래 세상을 향해 쌓아 올리는 건축 소재이자 구체적인 몸짓이 될 수 있다.

네이먼   그림이든 춤이든 음악이든, 대부분의 예술에서 모방은 배우는 과정의 일부 같아요. 기술을 연마하고, 자기 목소리를 찾아가는 과정에 결정적으로 작용하죠. 가장 경험이 많고 창의적인 화가라 해도 보통은 선대 화가들처럼 그리는 시기를 갖거든요. 작가님은 글쓰기를 배우는 방법으로 모방을 추천하는 데 주저함이 없지만, 작가들은 전통적으로 모방 때문에 조금 힘들지 않았나요.

르 귄   전통적으로는 아닐지 몰라도, 최근에는 확실히 그렇지요. 예술의 경우에는 모방하는 사람이 모방을 배움의 방법으로 이해하고 있어야만 해요. 그렇지 않으면 표절이에요. 배우기 위해 모방하기는 하되, 출간하지는 말아야죠. 아니면 모방하면서 "이건 헤밍웨이 흉내입니다"라고 말하거나요. 하지만 인터넷이나 대학 내 경쟁은 모방과 표절 사이의 구분을 흐리는 경향이 있고, 이렇게 흐릿해진 상황 때문에 가르치는 사람들이 아예 모방을 하지 말라고 경고하게 되는 거예요. 어리석은 일이죠. 우리는 좋은 작품을 읽고 그렇게 써보려고 하면서 배워야 해요. 피아노 연주자가 다른 피아노 연주를 하나도 듣지 않는다면, 뭘 연주할지 어떻게 알겠어요? 전 우리가 모방을 제대로 이용하지 못하고 있다고 생각해요.

네이먼　작가님은 소리의 중요성에 대해 자주 말씀하셨고, 언어의 소리가 모든 것의 시작점이며, 언어의 핵심은 물리적인 실체라고 하셨는데요.

몸 안에서 글이 울리면, 스스로가 쓰는 글을 들으면
올바른 리듬을 들을 수 있고,
그러면 문장이 깔끔하게 이어지는 데 도움이 됩니다.

르 귄　저는 제가 쓰는 글의 소리를 들어요. 아주 어렸을 때 시를 쓰기 시작했는데, 언제나 머릿속으로 소리를 들었죠. 알고 보니 글쓰기에 대해 쓰는 많은 사람이 듣거나 귀 기울이지 않고, 좀 더 이론적이고 지적으로 인식하는 것 같더군요. 하지만 몸 안에서 글이 울리면, 스스로가 쓰는 글을 들으면 올바른 리듬을 들을 수 있고, 그러면 문장이 깔끔하게 이어지는 데 도움이 됩니다. 젊은 작가들은 언제나 "자기 목소리를 찾는다"라는 말을 하는데요, 귀를 기울이지 않고는 스스로의 목소리를 찾을 수가 없어요. 우리가 쓴 글에서 울리는 소리는 그 글의 작용에 핵심적이에요. 우리의 글쓰기 가르침은 그걸 무시하는 경향이 있죠. 아마도 시만 빼고요. 덕분에 우린 덜컥거리는 산문을 만들어내면서도, 뭐가 잘못됐는지를 몰라요.

네이먼　　2000년에 있었던 포틀랜드 문학예술 강연에서 이런 멋진 말씀을 하셨죠. "기억과 경험 아래, 상상과 창작 아래, 단어들 아래에 기억과 상상과 단어 모두가 움직이는 리듬이 있습니다. 작가의 일은 그 리듬이 느껴질 만큼 깊숙이 들어가서, 그 리듬이 기억과 상상을 움직여 단어를 찾도록 하는 것입니다."

르 권　　그건 버지니아 울프에게 배운 거예요. 울프는 친구인 비타약
20년간 울프의 연인이자 친구였던 20세기 작가 비타 색빌웨스트를 가리킨다. 『올랜도』의 모델로도 알려져 있다에게 보내는 편지에서 정말 멋지게 설명하죠. 스타일은 리듬이라고, '마음속의 파도'라고요. 그 파도, 그 리듬이 말보다 먼저 존재하고, 단어들을 거기에 맞게 짜맞춘다고요.

네이먼　　리듬 사용에 대한 아마도 최고의 예시로 버지니아 울프를 언급하기도 하셨죠.

르 권　　울프는 산문에서 길고 섬세한 리듬을 사용하는 놀라운 실사

례에요. 하지만 다른 작가도 얼마든지 있죠. 전 톨킨이 『반지의 제왕』에서 쓴 리듬에 대해 에세이를 쓰기도 했어요. 짧은 리듬이 반복되면서 긴 리듬을 형성하는데, 톨킨의 글에 나오는 순환적인 반복이야말로 그 글이 정말 많은 사람을 완전히 사로잡는 이유라고 생각해요. 우린 이 리듬에 넋을 잃고 행복해지죠.

네이먼   작가님이 문법과 문법 전문용어를 이해하는 것이 중요하다고 강조하면서, 동시에 그 규칙들이 옳은지 따져 묻는 것이 중요하다고 강조하시는 게 흥미롭습니다. 문법은 우리 직업의 도구인데, 너무나 많은 작가가 문법과의 관계를 피한다니 이상한 현상이라고 지적하기도 하셨어요.

르 귄   제 세대에서나 그 후로 한동안은―저는 1929년에 태어났습니다만―문법을 맨 처음부터 배웠어요. 조용히 주입받았죠. 우린 품사의 이름을 알았고, 영어가 어떻게 작동하는지에 대한 지식도 얻었는데, 이제는 대부분 학교에서 그런 걸 가르치지 않아요. 요새 학교에서는 읽기도 예전보다 훨씬 적게 하고, 문법은 아주 조금만 가르치죠. 작가에게 이건 목공 도구 이름을 배우지도 않고 제대로 다룰 줄도 모르는 채 목공실에 내던져지는 상황과 비슷해요. 필립스 스크루드라이버로 뭘 하죠? 필립스 스크루드라이버가 무엇이죠? 우린 사람들에게 쓸 준비를 갖춰주지 않고, 그냥 "당신도 쓸 수 있어요!" 아니면 "누구나 글을 쓸 수 있습니다, 그냥 앉아서 써봐요!"라고

버지니아 울프의 『등대로』 중에서

* * *

그러자 정말로 평화가 찾아왔다. 바다에서 해변으로 평화의 메시지가 불어왔다. 세상의 잠을 더는 깨뜨리지 않고, 오히려 더욱 깊이 잠들어 쉬도록 달래며, 꿈꾸는 이들이 무슨 꿈을 꾸었는지 성스럽고도 현명하게 확인토록 하고—또 뭐라고 속삭이는 걸까, 릴리 브리스코는 깨끗하고 조용한 방에서 베개에 머리를 누인 채 바다의 소리에 귀를 기울였다. 열린 창문을 통해 들어오는 아름다운 세상의 목소리는 너무 조용해서 무슨 말을 하는지 알아들을 수 없었지만, 그 의미가 분명하게 전해진들 달랐을까.

J. R. R. 톨킨의 『반지 원정대』 중에서

*** *** ***

깊은 물속에 세워진 거대한 받침돌 위에 돌로 만든 거대한 두 왕이 서 있었다. 둘 다 이마가 갈라진 채, 흐릿해진 눈을 찌푸리며 가만히 북쪽을 바라보았다. 둘 다 왼쪽 손은 경고하듯 손바닥을 바깥쪽으로 들어 올렸다. 둘 다 오른쪽 손에는 도끼를 들었다. 둘 다 머리에는 부서져가는 투구와 왕관을 썼다. 오래전에 사라진 왕국의 말 없는 수호자들, 그들은 여전히 강력한 힘과 위엄을 두르고 있었다.

하고 있어요. 하지만 뭔가를 만들려면, 만들 도구를 갖춰야 해요.

네이먼　문장 도해가 유용하다, 도해 과정에서 문장에 골격이 있다는 걸 알게 된다는 말씀도 하셨죠.

르 귄　저는 학교에서 배우지 못했고, 제 이전 세대가 배웠는데요. 제 어머니와 이모할머니는 문장 도해를 그릴 수 있었고, 저에게도 방법을 알려줬어요. 저는 그게 즐거웠고요. 저와 정신 구조가 비슷한 사람에게는 마치 불이 켜지는 듯한 효과가 있어요. 말[馬]의 해골을 그려보는 것과 비슷해요. "아, 이렇게 붙어 있구나!" 하게 되지요.

네이먼　문장에 골격이 있다면, 다른 문장은 다른 동물이라고 생각해보는 것도 재미있네요. 그렇게 생각하니 다시 리듬으로 돌아가게 되는데요. 문장마다 다른 리듬이 있고, 다른 소리가 울리는 게 다르게 걷기 때문이라고 볼 수도 있잖아요.

르 귄　걸음걸이가 다르다는 게 그거죠, 맞아요. 한 작품 속의 모든 문장이 밑에 깔린 통합적인 리듬을 따르기도 할 테지만요.

네이먼　작법에 대해 쓰신 책『글쓰기의 항해술』에서 작가님은 여러 차례 의견을 밝히시는데, 제가 제일 좋아하는 글은 도덕성과 문법에 대한 글입니다. 작가님은 도덕성과 언어가 연결되어

조지 오웰의 『1984』 중에서

* * *

"(그것은) 맑고 쌀쌀한 4월의 어느 날이었다. 그리고 그 시계는 오후 1시를 알리고 있었다^{It was a bright cold day in April, and the clocks were striking thirteen}"

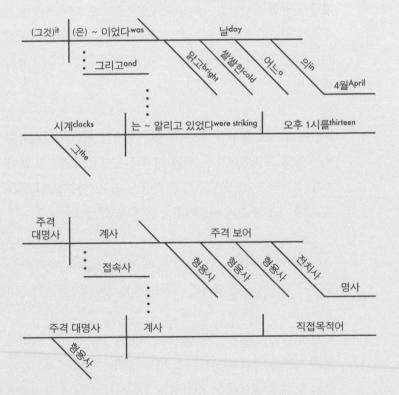

있기는 하지만, 도덕과 정확함은 같은 게 아니라고 말씀하시죠. 그런데도 우리는 문법 영역에서 너무 자주 그 둘을 혼동합니다.

만약 'he'가 'she'를 포함하지만
'she'는 'he'를 포함하지 않는다면,
거대한 사회적, 도덕적 함의가 담긴 선언이 이루어지는 거죠.

르 권   '문법 깡패들' 말이죠. 〈뉴욕 타임스〉 같은 지면에서 그런 사람들이 무엇이 정확한지 말하는 글을 읽게 되지요. "'바라건대hopefully' 같은 말은 절대 써선 안 된다. '바라건대, 우리는 화요일에 거기로 갈 거야.' 이런 말은 부정확하고 틀렸고 이렇게 쓰는 사람은 그야말로 무식한 돼지다" 같은 식이에요. 그건 지나친 단정 짓기예요. 사실은 사회계급을 구분 짓고 있는 거고요. 오웰이 너무나 잘 말했다시피, 그건 글쓰기, 말하기, 선명하게 생각하기의 도덕과는 아무 관계가 없어요. 그냥 내가 너보다 높은 계급 출신이라고 단언하는 행위죠. 문제는, 학교에서 문법을 잘 배우지 못한 사람들은 위로부터의 막대한 권위를 담아서 전해지는 이런 전문가적인 발언에 잘 넘어간다는 거예요. 전 거기에 맞서 싸우고 있어요. 딱 맞는 아주 흥미로운 경우가 'they그네'를 단수로 쓰는 건데요. 문법 깡패들이 끝없이 불쾌해하는 쓰임새죠. 틀렸어, 틀렸어, 틀렸다고! 이러면서요. 흠, 'he그'가 'she그녀'를 포함한다는 규칙을 발명해내기 전인 18세기까지만 해도 'they'는 단수로 쓸 수 있었어요. 그전까지는 그런 규칙이 존재하지 않았고, 셰익스피어는 'he 또는 she'—일상 대화에서는 우리 모두가 그러고 있고, 언제나 그 랬죠—라고 쓰지 않고 그냥 'they'라고 썼어요. 그런 용법을 영문학에 다시 불러오기 위해서는 여성운동이 필요했어요. 이건 중요해요. 이건 정확함을 운운하는 괴롭힘과 언어의 도 덕적 사용 사이의 교차로거든요. 만약 'he'가 'she'를 포함하 지만 'she'는 'he'를 포함하지 않는다면, 거대한 사회적, 도덕 적 함의가 담긴 큰 선언이 이루어지는 거죠. 하지만 우린 'he' 를 그런 식으로 쓰지 않아도 돼요. 'they'가 있으니까요. 왜 안 쓰겠어요?

네이먼　문법적인 정확함, 그리고 언어가 도덕적인 질문과 맺는 관계, 이 둘 사이의 차이에 대해 듣다 보니 작가님이 하셨던 이 말 이 떠오르네요. "영어를 개혁하지 않고는 사회를 개혁할 수 없다"고 하셨죠. 문장 수준의 싸움도 세상의 싸움과 본질적으 로 같다고요.

르 귄　대학 신입생 시절에 전 영어를 알기 쉽게 쓰는 것이 어떻게 정치적인 문제인지를 다룬 조지 오웰의 위대한 에세이『나는 왜 쓰는가』중「정치와 영어」를 읽었어요. 안으로 깊이 파고든 글이죠. 전 그냥 오웰의 말을 바꿔서 되풀이할 때가 많아요.

네이먼　작가님 작품에도 반영되어 있고요. 아나키스트 유토피아에 대해 쓰신 소설『빼앗긴 자들』이 생각나는데요. 이 상상 세계에서는 소유가 없기에, 소유대명사도 없죠. 세상과 그 세상의 언어가 서로를 반영하고 있어요.

르 귄 이 아나키스트 사회를 세운 사람들은, 새로운 사회에 옛 언어를 쓸 수는 없다는 사실을 깨닫고 새 언어를 만들어냈어요. 옛 언어에 기반해서 만들기는 했지만 많이 바꿨죠. 그것도 그저 오웰이 했던 말을 실연해 보인 것뿐이에요.

네이먼 사회의 퇴보 경향을 반영하는 많은 문법 규칙을 두고 작가님은 '가짜 규칙'이라고 하시는데요. 『글쓰기의 항해술』에서는 우리가 도구와 관계 맺는 것이 얼마나 중요한지, 구두점의 힘을 이해하고 문법을 이해하는 게 얼마나 중요한지 말씀하시면서도 또한 가짜 규칙에 넘어가지 않도록 조심하라고 경고하십니다. 그중 하나가 포괄적 대명사 'he'가 남성과 여성을 다 가리킨다는 규칙으로, 문장 수준에서 여성을 지워버리죠. 시대에 앞서 젠더 유동성을 다룬 작품이었던 『어둠의 왼손』을 다시 쓸 수 있다면 문장 수준에서 이런 부분을 바꾸겠다고 말씀하신 게 사실인가요?

르 귄 확실히 제가 쓴 대로, 책 내내 성별이 없는 사람들을 'he'라고 지칭하는 건 만족스럽지 않은 방식이죠(한 명이 '케메르게센 행성 사람들이 주기적으로 겪는 발정기'에 돌입해서 성별을 얻고, 일시적으로 'he'나 'she'가 될 때는 또 모르지만요). 1968년에 'they'라는 선택지는 없었어요. 어떤 편집자도 그 책을 출간하지 않았을 거

『빼앗긴 자들』 중에서

* * *

벽이 있었다. 별로 중요해 보이는 벽은 아니었다. 다듬지 않은 돌에 대충 모르타르만 발라서 쌓아, 어른은 넘겨다볼 수 있는 높이였고 어린아이라도 기어오를 수 있었다. 도로와 교차하는 곳에 난 문은 사실 문이라기보다 그냥 기하학적인 배열이자 하나의 선이었다. 경계선이라는 개념이었다. 그러나 그 개념은 실재했고 중요했다. 일곱 세대 동안 그 세계에서 그 벽보다 더 중요한 것은 없었다.

모든 벽이 다 그렇듯 그 벽도 양면이 있었다. 무엇이 안이고 무엇이 밖인가는 어느 쪽에서 보느냐에 달려 있었다.

『어둠의 왼손』 중에서

* * *

그때 나는 새삼스럽게 알았다. 내가 언제나 두려워했고 그래서 에스트라벤을 보면서도 못 본 척해왔던 사실을, 그가 남자일 뿐 아니라 여자라는 사실을 제대로 이해했다. 두려움이 사라지자 그 두려움의 원천을 설명할 필요도 없어졌다. 마침내 나는 그를 있는 그대로 받아들였다. 그때까지 나는 에스트라벤의 실체를 거부하고 부정했다. 자신은 게센에서 나를 믿는 유일한 사람이면서, 또한 내가 불신하는 유일한 게센인이라던 에스트라벤의 말이 옳았다. 그는 나를 완전한 인간으로 받아들여준 유일한 게센인이었다. 나를 개인적으로 좋아하고 또 개인적으로 의리를 다해준 사람이었다. 그러니 나에게도 똑같은 인정을 바라는 게 당연했다. 그런데 그동안 나는 도무지 그러려고 하지 않았다. 인정하기가 두려웠다. 여자이면서 남자이고, 남자이면서 여자인 사람에게 나의 믿음과 우정을 주고 싶지 않아서였다.

예요. 『어둠의 왼손』이 나오고 얼마 지나지 않아서 성별 구분을 흐리기 위해 만들어낸 대명사를 사용한 소설이 몇 권 나왔지만, 저는 그럴 수가 없었어요. 전 영어에 그런 짓은 못 해요. 그러면 어떻게 해야 할까요? 모든 사람을 'he' 대신 'she'로 바꿔서 『어둠의 왼손』 첫 장을 다시 써봤는데, 'he' 버전을 읽고 나서 읽으면 흥미롭긴 하지만 그것도 맞지는 않아요. 그 사람들은 'she'가 아니니까요. 그들은 'they'가 맞죠. 그렇다고 'it'을 쓸 수도 없고요. 핀란드어^{hän, 그와 그녀 모두를 가리킨다}가 부럽네요. 또 아마 일본어는 전부는 아니라도 일부 성별 없이 말할 수 있는 면이 있을 거예요^{この方 또는 この人, 각각 이분, 이 사람의 의미를 지닌다}.

네이먼   문장 수준에서 여성이 지워지는 문제를 지적하시고, 또 여성 작가들이, 특히 정전에 넣느냐 마느냐를 따질 때 사라지는 방식에 대해서도 우려의 목소리를 내셨죠. 한번은 누군가가 작가님에게 예를 들어달라고 했더니, 은근슬쩍 정전에서 빠지고 있는 작가로 그레이스 페일리^{미국의 소설가이자 시인, 정치운동가. 세 권의 단편집 『그의 작은 괴로움』 『마지막 순간에 일어난 엄청난 변화들』 『그날 이후』로 큰 사랑을 받으며 미국 문학계의 전설이 되었다}를 꼽으셨어요.

르 귄   전 그레이스의 명성이 유지될지 걱정스러워요. 여성 작가의 경우, 존경을 많이 받기는 하지만 베스트셀러 수준으로 유명하지 않다면, 비평가들이 아무리 존경했다 해도 죽고 나서는 바로 사라져버리는 일이 너무나 많이 일어나거든요……. 그

자리는 남성 작가가 채우죠. 흠, 어떤 남성도 그레이스 페일리의 자리를 채우지는 못할 거예요. 그레이스는 여성으로서 탁월한 글을 썼어요. 그리고 어쩌면 그게 문제인지도 몰라요.

네이먼   조 월튼웨일스에서 태어나 캐나다로 이주한 작가로, SF와 판타지 분야에서 다방면으로 활동하고 있다. 2012년 『타인들 속에서』로 휴고상과 네뷸러상을 받았다을 인터뷰할 때도 이 문제를 다뤘습니다. 조는 당시에는 성차별이 있는지 명확히 알기 어려울 때가 많아도, 물러서서 중요한 작품 명단이 어떻게 만들어지는지 보면 뚜렷해진다고 했어요. 이 경우에는 SF와 판타지의 정전에 대한 이야기가 되겠죠. 조는 윌리엄 깁슨의 예를 들었는데요. 『뉴로맨서』는 휴고상과 다른 많은 상을 탔는데, 거의 비슷한 시기에 C. J. 체리미국의 SF 작가로, 본명은 캐럴린 재니스 체리다. 성별을 감추기 위해 이니셜을 사용했다. 대표작 '다운빌로 스테이션' 시리즈가 세계 50대 SF 소설로 선정되는 등, 스페이스 오페라 장르의 거장으로 불린다도 휴고상을 탔고 깁슨처럼 많은 담화에서 다뤄지는 듯 보였지요. 체리는 6년인가 7년 후에 다시 휴고상을 탔고, 그때도 똑같이 성공한 듯 보였어요. 하지만 세월이 지나고 지금 돌아보면 깁슨은 정전 명단에 있는데 C. J. 체리에 대해서는 들어보지 못한 사람이 많아요.

르 귄   맞아요. 왜 체리의 책이 복간되지 않은 걸까요? 왜 체리에 대해 이야기가 오가지 않고요? 여기엔 좀 기이한 구석이 있어요. 여성혐오misogyny란 뭘까요? 남성 세계를 확고히 하려는 남성의 욕구? 모르겠네요. 이 문제는 더 파고들지 못하겠어요.

네이먼   점점 심해지는 작가의 상품화에 대해서나, 영업부가 편집부의 권한을 빼앗고 있는 상황에 대해 기탄없이 비판해오셨죠. 책 한 권을 어떻게 만들어내느냐의 선택에서 예술보다 장사에 많이 초점을 맞춘다고요. 작가님은 이런 경향에 반발했고, 문학을 그저 유행이라는 측면에서만 보아서는 안 된다고 주장하셨습니다. 그렇다고 유행 자체에 반발하시는 것처럼 보이진 않습니다만, 현재 단편과 장편에서 인기 있는 선택들을 넘어서는 문제까지 대화를 확장하려고 하셨어요. 예를 들면 현재시제 사용이나, 아주 짧은 문장 사용 같은 유행이요.

르귄   저처럼 아주 오래 살면 장점도 있고 단점도 있어요. 장점 하나는 장기적인 관점을 가질 수밖에 없다는 점이죠. 유행이 왔다가도 가는 모습을 계속 봤거든요. 누가 이것만이 글을 쓰는 올바른 방법이라고 선언해봐야 사실은 유행이고 일시적인 경향이라는 사실을 알게 돼요. 그건 바로 지금의 편집자에게 바로 지금 팔고 싶다면 바로 지금에 맞게 쓰는 방식인 거죠. 하지만 길게 보고 고려할 점도 있어요. 작년의 유행만큼 재미없는 것도 없죠.

네이먼   과거시제냐, 현재시제냐를 선택할 때의 손해와 이익에 대해 논의해볼 수 있을까요? 작가님은 이전에 과거시제가 시간을 왔다 갔다 하는 움직임에 대한 준비가 더 되어 있고, 우리의 정신과 기억이 작동하는 방식도 더 비슷하게 흉내 낸다고 말하신 적이 있죠.

르 귄   거기에 더해 큰 이야기, 진짜 깊이가 있는 이야기를 하는 데 특히 관련이 있죠. 하지만 복잡한 문제예요. 현재시제에도 멋지게 들어맞는 용법이 있다는 건 분명하죠. 하지만 최근에는 현재시제가 맹목적으로, 이야기를 푸는 유일한 방식처럼 쓰였어요. 다른 글을 많이 읽어보지 않은 젊은 작가들이 많이 썼고요. 글쎄, 그건 어떤 이야기를 하기에는 좋은 방법이지만, 또 어떤 이야기를 하기에는 좋은 방법이 아니에요. 한계를 내재하고 있죠. 전 그걸 '손전등 초점'이라고 불러요. 바로 앞은 보이는데 주위는 다 어두운 거죠. 높은 긴장감, 긴박한 상황, 본론만 전달하는 글쓰기에는 아주 좋아요. 하지만 엘레나 페란테의 책들이나, 1920년부터 2020년까지의 시간을 다루는 제인 스마일리의 '지난 백 년The Last Hundred Years' 3부작 같은 크고 긴 이야기를 하고 싶다면―현재시제를 썼다면 그런 책은 제 기능을 못 했을 거예요. 현재시제가 말 그대로 '지금'이고 과거시제는 말 그대로 먼 과거라는 추정은 너무나 순진해요.

네이먼   글쓰기에 대한 작가님의 생각을 맥락 속에서 보려면 작가님의 서평을 읽어보고, 특정 작품과 직접 관련지어서 이해해보라고 다른 작가들에게 권하고 싶어요. 예를 들어서 잡지 〈가디언〉에서 데이비드 미첼의 『뼈 시계The Bone Clocks』에 대한

1950년대 중반의 어슐러

비평을 쓰셨을 때 바로 이 현재시제 문제를 논하셨죠. 훌륭한 리뷰였어요. 버지니아 울프의 의식의 흐름을 미첼의 '자의식의 흐름'에 비교하셨죠. 그 외에도 시간에 관한 문제를 몇 가지 꺼내셨는데, 읽어볼게요. "시간을 깊게 다루는 소설인데도 여기에는 사실상 과거시제가 없다. 인터넷 뉴스부터 문자 메시지에 이르기까지 사람들이 읽는 모든 것이 현재시제이기에 이제는 많은 소설 독자들도 현재시제 서술을 당연하게 받아들이지만, 글이 이렇게 길다면 그것도 힘들 수 있다. 과거시제 서술은 이전의 시간을 암시하고 가정법과 조건법, 미래라고 하는 광활한 안개 속으로 뻗어나간다. 그러나 지속적인 목격자가 설명하는 현재는 시간의 상대성을 거의 받아들이지 않고, 사건들 사이의 연결도 거의 받아들이지 않는다. 현재시제는 어둠 속을 비추는 좁은 손전등 불빛으로, 다음 걸음을 보는 데에만 한정된다. 지금, 지금, 지금이다. 과거도, 미래도 없다. 어린 아기의 세상, 짐승의 세상, 어쩌면 불멸자의 세상이다." 정말 멋지게 표현하셨네요.

르 권   다행이네요. (웃음) 데이비드 미첼은 다룰 가치가 있는 작가죠.

네이먼   시점에 대해서도 말해볼까요. 오늘날은 1인칭시점이 그 어느 때보다도 인기가 있습니다. 작가님은 1인칭에 관해 중세의 일기와 성인들의 고백, 몽테뉴의 에세이에서 주로 찾을 수 있었고, 최근까지는 우리 문학에서 큰 부분을 차지하지 않았다고 하셨어요.

르귄   하나의 시점만 보여준다는 점에서는 제한적 3인칭시점도 1인
         칭과 무척 비슷해요. 요즘 소설에서는 둘 중 하나를 유일한
         시점으로 쓰는 일이 되풀이되는 것 같아요.

네이먼   하지만 사실 이 두 시점은 문학사에서 상당히 늦게 나타났죠.

르귄   헨리 제임스가 제한적 3인칭시점을 아주 잘 구사하면서 우리
         에게 그 방법을 알려줬죠. 제임스는 소에게서 우유를 잘 짜냈
         고, 그건 훌륭한 소예요. 아직도 우유를 많이 내놓고요. 하지
         만 정작 동시대 작품만 읽고, 언제나 제한적 3인칭시점만 읽
         는 독자는 이야기 속에서 시점이 아주 중요한 데다가 얼마든
         지 이동할 수 있다는 사실을 몰라요. 그래서 제가 사람들에
         게 울프의 『등대로』 같은 책을 읽고 울프가 어떻게 사람들의
         마음속을 움직이는지 보라고 하는 거예요. 아니면 톨스토이
         의 『전쟁과 평화』도 좋죠. 와, 톨스토이가 독자는 바뀐 줄도
         모르게 이 시점에서 저 시점으로 옮겨가는 솜씨란—정말 우
         아하거든요. 독자는 어디에 있는지, 누구 눈을 통해서 보는지
         알면서도 여기에서 저기로 옮겨졌다는 사실은 깨닫지 못하는
         거예요. 그야말로 달인의 솜씨죠.

네이먼   작가님은 전지적시점이 현대소설에 적당한 선택이라고 웅변
         하시죠.

르 귄   18세기와 19세기 소설을 읽으면서 자란 사람은 누구나 '전지
적'이라고 불리는 시점이 편안하기 그지없어요. 저는 이 방식
을 '작가' 시점이라고 부르는데요, '전지적'이라는 용어는 작
가가 모든 것을 안다는 생각을 반영하다 보니, 마치 그게 나
쁜 것처럼 비판적으로 쓰일 때가 많아서예요. 하지만 작가는
결국 이 모든 인물을 만든 저자이고, 창조자죠. 사실 솔직하
게 파고든다면 모든 인물이 곧 작가예요. 그러니 작가는 모든
인물의 생각을 알아 마땅하죠. 작가가 독자에게 인물들의 생
각을 말해주지 않는다면…… 왜일까요? 이건 생각해볼 만한
질문이에요. 많은 경우 이유는 그저 작가가 아는 내용을 독자
에게 말하지 않음으로써 서스펜스를 자아내기 위해서일 뿐이
에요. 뭐, 그것도 정당한 이유긴 하죠. 이건 예술이니까요. 하
지만 지금 전 사람들이 선택의 폭에 대해 생각하게 하려는 거
예요. 쓰이지 않는 아름다운 선택지가 정말 많으니까요. 어떻
게 보면 1인칭시점과 제한적 3인칭시점은 제일 쉬운 시점이
고, 그만큼 제일 흥미롭지 않은 선택이에요.

네이먼   글쓰기 워크숍에서 제일 흔하게 보는 실수는 '일관성 없는 시
점'이라고도 하셨죠.

르 귄   한 사람의 마음에서 다른 사람의 마음으로 옮겨갈 때 그런 일

캘리포니아 댄빌의 한 서점에서 『라비니아』를 낭독하는 르 귄

이 일어나죠. 톨스토이와 울프는 황홀하게 해내지만, 어색하게 하거나 스스로도 모르는 채 할 수도 있어요. 시점에서 중요한 것은 알고 쓰느냐예요. 시점을 바꾸려면 강렬한 의식과 어느 정도의 연습 및 이동 기술이 필요해요. 성공적으로 시점을 이동하면 쌍안경으로 보는 효과, 아니면 그보다 더 여러 개의 눈으로 보는 효과가 생기죠. 어떤 사건에 대해 한 가지 관점을 보여주는 대신, 영화 〈라쇼몬〉처럼 여러 관점을 제공하는 거예요. 그것도 〈라쇼몬〉처럼, 이야기 자체를 여러 번 반복하지는 않으면서요. 작가는 이야기를 하면서 그렇게 할 수 있고, 복수의 관점은 지금 일어나는 일을 더 어리둥절하게 만들거나 더 명료하게 만들죠. 작가가 둘 중 어느 쪽을 원하느냐에 따라서요. 저는 그런 이동을 허용하기 때문에 작가 시점이 모든 시점 중에서 가장 유연하고, 가장 유용하다고 생각해요. 가장 자유롭고요.

네이먼　저는 『글쓰기의 항해술』을 읽기 전까지만 해도 찰스 디킨스의 『황폐한 집』이 얼마나 실험적인 글인지 미처 몰랐어요. 작가님은 꼭 모방할 텍스트로서가 아니라도 디킨스가 얼마나 혁신적인 선택을 했는지 보여주기 위해서 그 작품을 논하셨죠. 어떻게 시점을 오가는지, 또 어떻게 시제를 바꿔가면서 쓰는지 두 가지 다요.

르 귄　『황폐한 집』의 절반은 현재시제로 쓰였는데, 당시로서는 대단히 특이한 경우예요. 게다가 이 부분을 작가 시점으로 쓰기도 했죠. 거의 독수리가 내려다보듯이요. 이건 어느 시대에나 드물어요. 정말 비범한 책이에요.

네이먼   또 작가님은 모더니즘 글쓰기 방식에 관해, 이야기를 갈등과 하나로 합쳐버릴 때가 많다는 말도 하셨는데요. 이건 무슨 의미인가요?

이야기는 갈등을 다룬다고,
플롯은 갈등에 바탕을 둬야만 한다고 말하면
세상을 보는 관점을 심각하게 제한하는 거예요.

르 귄   흠, 이야기는 곧 갈등이라고 가르치고, 언제나 "네 이야기에서 갈등은 어디 있지?" 묻는 것, 이에 대해 생각해볼 필요가 있다는 뜻이에요. 이야기는 갈등을 다룬다고, 플롯은 갈등에 바탕을 둬야만 한다고 말하면 세상을 보는 관점을 심각하게 제한하는 거예요. 그리고 어떤 면에서는 정치적인 선언이기도 하죠. 삶은 갈등이고, 그러니 이야기에서 정말 중요한 건 갈등뿐이라고 말이에요. 이건 그냥, 사실이 아니에요. 삶을 전투로 보는 건 시야가 좁은 사회진화론의 관점인 데다, 굉장히 남성적인 시각이기도 해요. 물론 갈등은 삶의 일부죠. 소설을 쓸 때 갈등을 끌어내지 말라는 게 아니에요. 단지 갈등이 이야기의 유일한 생명줄은 아니라는 거예요. 이야기는 다른 많은 것을 다루니까요.

네이먼   대화하다 보면 흔히, 거의 어떤 소재로 말하든 순식간에 전투 비유가 나와버리니 놀랍죠.

르 귄   전 무엇을 위한 '싸움', 무엇에 맞서는 '전쟁' 같은 표현을 피하려고 노력해요. 모든 것을 갈등 및 당면한 폭력의 해결책 같은 용어에 밀어 넣는 데 반대해요. 전 노자가 갈등에 관해 하는 말을 기억하려고 해요. 노자는 분쟁을 원래 있어야 할 곳인 전장에만 제한해요. 모든 인간 행동을 갈등으로 제한하는 것이야말로 드넓고 풍성한 인간의 경험을 빼먹는 짓이에요.

네이먼   살만 루슈디의 『2년 8개월 28일 밤』에 대한 서평에서 이 문제를 꺼내셨죠. 이 부분만 빼면 아주 긍정적인 리뷰였지만 책속에 나오는 어둠의 지니, 그러니까 파괴의 힘이 어떤 면에서는 창조적인 힘과 밀접하게 연결되어 있다는 점에 멈칫하셨어요.

르 귄   그래요. 그 책 끝에서 만약 우리가 언제나 전쟁을 벌이고 있지 않다면, 우린 평화로우면서도 지루하고 따분해져서 가치있는 일은 아무것도 하지 않을 거라는 암시가 나오거든요. 저로서는 그건 제가 경험한 전쟁과 평화가 아니라는 말밖에 못하겠네요. 전 제2차 세계대전 당시에 어린아이였어요. 총력전은 창조력이 활개를 치는 시기가 아니에요. 전쟁에서 벗어난 순간은 마치 아주 캄캄한 곳에 있다가 탁 트인 세상으로 나오는 것 같았어요. 전쟁과 전시 협력과 싸움 말고 다른 걸 생각하고 행할 수 있는 세상, 파괴만이 아니라 창조를 위한 공간이 있는 세상으로요.

네이먼   작가님은 SF와 판타지도 리얼리즘 소설이나 모방 소설, 아니면 회고록 못지않은 문학이라는 생각을 강하게 지지해오셨습니다. 한번은 심지어 "가짜 리얼리즘이야말로 우리 시대의 도피주의"라고도 하셨고요. 끊기지 않은 판타지의 긴 혈통을 『마하바라타』고대 인도의 대서사시와 『베어울프』고대영어로 쓴 영국의 영웅서사시까지 거슬러 올라가기도 하세요.

장르소설이 문학이 아니라고 여기던 시절은
이제 과거라고 생각해요.

르 귄   전 그저 문학에서 제일 오래된 형태가 환상성을 갖고 있었다고 짚었을 뿐이에요. 문학은 신화와 전설, 그리고 '오디세이'처럼 신화화된 영웅담에서 시작하죠. 장르소설이 문학이 아니라고 여기던 시절은 이제 과거라고 생각해요. 다만 제 경우는 장르소설도 『분노의 포도』와 다를 바 없는 문학이라는 주장을 하도 오래 했더니, 다른 방식으로 말하기가 어렵네요. 물론 대부분의 장르소설은 『분노의 포도』만큼 훌륭하지 않아요. 하지만 대부분의 리얼리즘 소설도 『분노의 포도』만큼 훌륭하지 않죠. 장르로 작품을 판단하는 건 그냥 틀렸어요. 어리석은 데다, 낭비죠. 이제는 사람들이 대부분 그 사실을 알아요.

네이먼 그렇다면, 1970년대에 쓰신 글 「왜 미국인은 드래건을 두려워하는가?Why are Americans Afraid of Dragons?」를 떠올려본다면, 어쩌면 지금 미국에서는 조금은 드래건을 받아들이고 있는 걸까요?

르 귄 그렇기도 하고 아니기도 해요. 그건 장르 대 문학 논쟁보다 범위가 넓어요. 미국에서 상상력에 대한 두려움은 아주 뿌리가 깊어요. 갈수록 소설을 적게 읽히는 학교들만 봐도 드러나죠. 요새 학교에서 시를 읽기는 하는지도 모르겠고요. 우리의 교육은 상상력을 어떻게 훈련하고 있죠? 아, 이 부분은 잘 모르니 더 말하지 말아야겠네요.

네이먼 『글쓰기의 항해술』이 이런 담화를 시작하고 또 좋은 뜻으로 복잡하게 만든다고 생각합니다. 그 책에서 작가님은 여러 다른 기술의 예로 버지니아 울프, 마크 트웨인, 찰스 디킨스만 인용하는 게 아니라 마거릿 애트우드, J. R. R. 톨킨과 심지어는 북미 원주민 신화인 '천둥 오소리' 이야기오리건 동부 지역 북파이우트 부족의 신화로 천둥 오소리는 비를 몰고 온다는 내용까지 두루두루 가져오시죠. 작가님은 이런 다른 세상 사이를 유유히 오가고, 또 작가님 작품에서도 이런 다양한 영향을 볼 수 있어요. 어떻게 보면 작법서에서 이것들 모두가 문학이라고 조용히 선언하시는 것처럼 느껴지기도 해요.

르 귄 바로 그거예요. 최근에 '북 뷰 카페'에서 했던 서사 소설에 대한 온라인 워크숍에서 저는 몇 번이고 사람들에게 패트릭 오브라이언의 해양 모험소설『마스터 앤드 커맨더』를 비롯한 '오브리-머투린' 시리즈을 읽어보라고 권했어요. 그 긴 문장, 묘사를요. 해상 전투를 어떻게 쓰는지 보고 싶으면 오브라이언을 찾아보라고요. 오브라이언은 놀랍도록 뛰어난 액션 작가예요. 그런데 어떻게 그렇게 쓰는 걸까요? 그 부분을 연구할 가치가 있어요. 이렇게 경이로운 글쓰기 사례들을 장르소설에서 찾을 수가 있어요.

네이먼 작가님은 오랫동안 도가와 불교사상에 관심을 두셨고, 직접 『도덕경』 번역본을 내기도 하셨는데요. 이 점이 스스로의 글쓰기에 어떤 영향을 줬다고 보시나요? 이런 사상이 어떤 식으로 소설에 영향을 미치는지 명확히 짚어주실 수 있을까요?

흠, 저에게 이야기가 무엇을 다루냐고 묻는다면,
변화라고 하겠어요.

르 귄 워낙 깊은 영향을 미쳐서 명확히 표현하기는 힘드네요. 전 제 글을 잘 분석하지 못해요.『하늘의 물레』는 확실히 생명에 대한 도가의 접근을 이용한 예죠.『높은 성의 사내』를 쓰던 필립 K. 딕처럼 주역을 이용하지는 않았지만, 움직임이란 지속적인 변화이고,『하늘의 물레』에서 그 움직임은 꿈을 통해 일어나요. 그래서 독자는 이게 꿈인지 현실인지를 제대로 알 수

조지아주에서 남편 찰스와 지내던 때
(Courtesy of Ursula K. Le Guin Literary Trust)

없죠. 내 책 중에서 아시아의 영향이 표면에 제일 뚜렷하게 드러나는 소설이에요. 하지만 모든 것이 언제나 움직이고 변하고 있다는 면은 흠, 저에게 이야기가 무엇을 다루냐고 묻는다면, 변화라고 하겠어요.

네이먼   지금 인용할 말에 제가 과도한 뜻을 부여해서 읽는지 모르겠습니다만, 자아와 예술의 관계에 대해 하신 이 말씀에서는 불교철학이 떠오르더군요. 이렇게 말씀하신 적이 있죠. "어떤 사람은 예술을 통제의 문제로 본다. 나는 예술을 주로 자기통제의 문제로 본다. 이런 식이다. 내 안에는 말해지고 싶어 하는 이야기가 있다. 그것이 나의 목표다. 나는 그것의 수단이다. 내가 나 자신, 나라는 자아, 나의 소망과 의견, 나의 정신적인 쓰레기를 치우고 그 이야기에 집중해 따라갈 방법을 찾을 수만 있다면, 이야기가 스스로 말할 것이다." 이건 작심하고 뭔가를 종이에 쓰려는 사람과는 아주 다른 접근법 같아요.

르 귄   그래요, 상당히 도가적이죠. 무위無爲, 또는 하지 않음으로써 하는 것. 아주 수동적인 태도처럼 보여요. 물론 노자는 갈등을 지향하는 서구의 사고방식이야말로 수동적이라고 보죠. "뭔가를 하지 말고, 그냥 앉아 있어라." 그게 노자가 정말 어려우면서도 정말 유용한 대목이에요. 그냥 앉아 있기에도 수많은 다른 방법이 있거든요.

네이먼   『글쓰기의 항해술』에서 작가님은 각 장마다 연습문제를 넣으셨는데요. 제일 좋아하는 연습 방법이 있으신가요? 아니면 작가들이 특히 유용하다고 여기거나, 도전 의식을 불태울 만한 방법은요?

르 귄 『글쓰기의 항해술』에 썼듯이 '금욕'은 제가 열네 살 때, 소설을 써보려는 시도가 딱히 화려하지도 않으면서 단어가 너무 많고, 형용사와 부사가 너무 많다는 사실을 깨달았을 때 고안해낸 방법이에요. 그래서 전 일부러 어떤 형용사도 부사도 쓰지 않은 서술을 한 페이지 꽉 채워서 써보려고 했죠. '오직'이나 '거의'같이 꼭 필요한 단어도 부사에 속하니 아주 힘들어요. 그러니 다 잘라낼 수는 없을 때도 있죠. 그래도 '~적-ly' 같은 단어는 다 잘라낼 수 있고, 다채롭고 매력적인 형용사를 다 없앨 수도 있어요. 그러고 나면 금욕적이고 소박한 산문이 남죠. 대신 모든 에너지를 동사와 명사에 쏟아야 하기 때문에 글이 더 힘 있고 진해져요. '금욕'은 제가 가르치는 거의 모든 워크숍에서 하는 연습 방법이에요. 그리고 다들 그걸 싫어하죠! 그래도 마지막 연습인 이른바 '끔찍한 일'만큼 싫어하진 않아요. 자기 글을 가져다가 절반으로 줄이면서, 그 절반의 양으로 똑같은 내용을 말하는 연습이거든요.

네이먼 그러고 보니 최근에 작가 지망생들과 온라인으로 관계 맺기를 시작하셨다고 했죠. 작가로서 제구실을 하려고 노력 중인 사람들에게는 작가님의 자서전도 영감의 원천이 될 수 있겠다 싶습니다. 실질적인 성공을 보기 전까지 글을 쓰고 투고하는 시간을 꽤 들이셨지요. 그 시기에 대해 말씀해주실 수 있을까요? 얼마나 길었는지, 뭘 하셨는지 등등요.

르 귄 이 워크숍을 하다 보니, 작가 생활 말년인 지금에 와서 사람들에게 제가 어떤 일을 겪었는지 말하는 게 제게도 도움이 되는 듯합니다. 너무 자기중심적이라는 느낌도 들지만, 지망생들도 거의 모든 작가가 좌절과 끔찍한 자기 의심을 경험한다는 사실에 대해서는 관심이 있을 테고 그 점을 알아두면 가치가 있을지도 몰라요. 작가들은 혼자 작업할 때가 워낙 많아서 그런지, 대부분의 예술가보다 더 스스로를 의심하는 경향이 있어요. 그리고 출간은 만만찮은 장벽이죠. 시작할 때 저는 어쩌다 한 번씩 시를 발표할 수 있었어요. 독자가 여덟 명, 아홉 명쯤 되는 아주 작은 시 잡지였지만, 그래도 인쇄가 되긴 했죠. 하지만 소설은 하나도 팔지 못했어요. 6년인가, 7년 동안 꾸준히 단편과 장편을 써서 세상에 내놓으려고 했지만 아무 데도 싣지 못했죠. 친절한 거절 쪽지는 잔뜩 받았고요.
사실 저는 작가가 되는 데에, 제 글에 전념하고 있었고 자신감인지 오만함인지가 있었기에 계속할 수 있었어요. '난 해낼 거야, 그것도 내 방식으로 해낼 거야.' 그런 생각에 매달렸죠. 그리고 펑, 마침내 뚫었어요. 일주일 사이에 단편 두 개를 팔았죠. 하나는 상업 잡지였고, 하나는 작은 문학잡지였어요. 일단 살짝이라도 열리고 나면 문이 계속 열려 있는 것 같아요. 이제는 작품을 어디에 투고할지 알기가 쉬워지는 거죠.
제 단편은 전통적인 리얼리즘이 아니라 비현실적인 요소가 있을 때가 많았고, 전 판타지와 SF 잡지들은 제 글을 읽고 "이게 대체 뭐야?"라고 하지 않는다는 걸 알게 됐어요. 전통 문학 시장에서는 만나지 못했던 열린 마음이 그곳에 있었죠. 이렇게 한번 전진하고 나니 그 후에는 느리지만 꾸준하게 글이 채택됐죠.

물론 그러고 나서도 에이전트를 얻기 전까지는 계속 제 글을 투고했는데, 그건 힘든 일이에요.

그리고 이건 제가 지금은 어떻게 말해야 할지 잘 모르는 영역이기도 해요. 인터넷과 전자출판, 자가 출판과는 너무 달라서요. 예를 들어 자가 출판에 대해서는 양가적인 감정이라는 말조차 할 수가 없어요. 자가 출판이 실제로 어떤 것인지, 작가를 실제로 어디로 데려가는지 이해하려고 노력해볼 뿐이에요. 홍보망도 없고, 작품을 알릴 방법도 없이 자가 출판을 하고, 광고주들에게 팔지도 않겠다고 선택한다면……? 전 그냥 모르겠어요. 모르겠어요. 자기 작품이 인쇄된 걸 보면 정말 좋기는 하지만, 주위 사람들과 친척들 말고는 아무도 읽지 않는다면 무슨 소용이 있죠? 저는 모르겠어요. 이 시점에서는 아무도 누군가에게 확고한 조언을 해주지 못해요. 우린 혁명기를 살고 있어요. 이 혁명 이후에 출판이 어떻게 정착할지 짐작해볼 수밖에 없죠. 정착하기는 할 테니까요.

런던의 케닐워스 호텔에서

(1990 © Alamy)

시에 대하여

어슐러와 첫 인터뷰를 하기 전, 아내와 나는 워싱턴주와 캐나다 국경선 근처에 있는 노스 캐스케이드 국립공원에 하이킹을 하러 갈 계획을 짜고 있었다. 그러나 태평양 북서부에서 여름의 새로운 기준이 되어버린 산불이 공원을 닫아버렸고, 우리는 마지막 순간에 대안을 찾아 헤매야 했다. 나는 어슐러가 오리건주 남동부 제일 구석의, 외딴 고지대 사막에 있는 스틴스산을 오랫동안 사랑했음을 알았다. 어슐러의 소설 『아투안의 무덤』의 세상에도 영향을 미쳤고, 시와 사진이 함께 수록된 협업 작품집이었던 『이곳에 나와Out Here』에도 영향을 미친 풍경이다. 아직 만나보지도 못했지만 나는 어슐러에게 전화를 걸어서 혹시 우리의 휴가를 구해줄 만한 제안이 있는지 물어보기로 했다.

"'어두운 하늘' 알아요?" 어슐러는 신이 나서 정보를 공유했다. "미합중국에 남은, 진정한 어둠을 경험할 수 있고 어떤 광공해도 없는 하늘 아래에서처럼 별들을 볼 수 있는 몇 안 되는 곳 중 하나거든요?" 어슐러는 바로 그 하늘 아래에서 보낸 무수한 밤의 경이로움을 가득 담은 목소리로 말을 이었다.

곧 아내와 나는 '그곳에 나가' 있었다. 더할 나위 없이 눈부신 검은 하늘 아래 아직도 야생마들이 돌아다니는 지역, 스무 명도 안 되는 작은 마을 안, 다섯 세대째 오리건 사람이 운영하는 호텔이었다. "그 사람들에게 어슐러와 찰스가 보냈다고 해요." 어슐러는 그렇게 말했고, 그곳에 사는 보기 드문 사람들은 우리를 보살펴줬다. 혈통을 거슬러 올라가면 이 지역에 처음 찾아온 백인 정착민들까지 쭉 이어지는 농부와 목장 사람들이었다. 나와 아내는 그 '타오르는 정적'과 '끝없는 빛의 심연' 아래 나란히 앉아서, 세상과 우주 속의 우리 자리를 생각하면서, 부지불식간에 이 어두운 하늘과 그 하늘이 밝혀주는 사람들을 통해 어슐러에 대해 배우고 있었다. 어슐러와 내가 직접 얼굴을 마주하기 한참 전에 말이다.

이제 나는 어슐러의 시를 생각할 때 이 순수한 하늘과, 몇 세대나 그 하늘 아래 살아온 사람들을 제일 많이 떠올린다. 어슐러의 소설을 생각할 때 제일 먼저 떠오르는 말이 상상이라면, 어슐러의 시에서 제일 많이 떠오르는 말은 사색이다. 어슐러는 SF 시나, 상상 속의 다른 세상에서 일어나는 시를 쓰지 않고 이 세상 속 우리의 자리를 사색한다. 하늘에서 인간의 빛을 제거해 다시금 '영원함을 볼 수 있는' 하늘이 되게 한다면, 영양과 코요테와 펠리컨과 맹금류가 인간의 수를 훌쩍 넘는 땅에서 시간을 보낸다면, 어쩔 수 없이 어떤 의미에 대한 질문들이 솟아오른다. 비인간 타자, 즉 짐승, 새, 식물, 땅 자체와의 진정한 유대감이란 어떤 모습일까? 인간의 어떤 도구와 기술, 이야기와 언어들이 세대에서 세대로 전해질 가치가 있을까? 우리가 수수께끼와 경이, 우리가 알지 못하는 것, 알 수 없는 것들과 맺어야 하는 적절한 관계는 무엇일까?

어슐러의 세상은 어둠과 빛이 서로의 대척점에 있는 마니교의 세상이 아니다. '음양'은 '어둠과 빛'으로 번역될 수 있고, 도가의 개념과 비슷하게 어슐러에게도 이런 반대 항은 사실 떼어놓을 수 없는 하나이며 서로 얽혀 있고 서로에게 의존한다. 어스시의 사람들은 도가 사상 같은 시-노래들을 쓰고 전했는데, 이러한 그들의 문화는 그 시를, '어둠과 빛'과 그 안에서 사람들이 차지한 자리를 사색하기 위해 세대를 넘어 전하기로 했다. 그리고 어슐러는 그중에서 발췌한 시 한 편을 어스시라는 세상을 우리에게 소개하는 책의 제언으로 삼았다. 여전히 타자와의 조화와 균형을 위해 노력하는 세상을 말이다.

오직 침묵 속에 말이,
오직 어둠 속에 빛이,
오직 죽어감 속에 삶이 있네.
텅 빈 하늘을 나는
매의 비행은 찬란하여라.

우리가 스틴스에서 여름을 보낸 후, 여름이 올 때마다 산불은 더 심해지고 더 멀리 퍼졌다. 자연에 대한 사색은 이제 정치적일 수밖에 없다. '인간화된' 하늘. 타자성을 비추고 우리가 경외심에 멈춰서서 사색하도록 하는 하늘이 아니라, 우리가 밝힌 빛과 우리 자신만을 반사해 비추는 하늘을 계속 올려다보는 한, 자연과 유대감을 자아낼 기회는 줄어들기만 할 것 같다. 그 기회를 계속해서 만들어낼 수 있는 것은 시, 그중에서도 특히 어슐러의 시가 발휘하는 관심 기울이기다.

네이먼　　소설을 쓰실 때 가끔 목소리가 들리는 현상에 대해 말씀하신 적이 있죠. 내면의 또 다른 목소리가 등장인물이 되어 대신

이야기를 끌어간다고요. 혹시 시를 쓰실 때도 비슷한 목소리가 들리는지 궁금합니다.

르 귄　　음, 그건 말하기 복잡하네요. 저는 소설에서 작가에게 지시하는 등장인물의 목소리에 해당할, 즉 페르소나가 들어가는 시를 많이 쓰지 않아요. 몇 편 쓰기는 했지만, 시는 나름의 또 다른 방식으로 찾아오죠. 몇 마디 말, 심지어는 그저 모종의 기운 같은 게 어린 소리 하나로도 그곳에 시의 가능성이 있다는 걸 알게 되는 식이죠. 시가 아주 쉽게 나올 때도 있기는 하지만, 시를 쓰면서 소설에서처럼 지시받는 느낌을 받은 적은 없어요. 말하고 싶어 하는 바가 워낙 확고해서 다툴 필요도 없는, 그런 목소리가 저를 통해 말하는 경험이요.

네이먼　　작가님이 하이쿠를 쓰지 않으시는 건 알지만, 저는 『때늦게 Late in the Day: Poems 2010-2014』에 실린 많은 시가 하이쿠와 비슷한 감성을 지니지 않았나 생각했습니다. 그래서 제 직감이 맞나 확인하려고 로버트 하스의 『하이쿠의 기본The Essential Haiku』 서문을 찾아봤지요. 하스는 하이쿠에 대해 이렇게 말합니다. 시간과 공간에 귀를 기울이고, 1년의 어느 계절에 기반을 두며, 언어는 소박하면서 일상생활에서 길어낸 독창적인 이미지를 정확하게 그려내고, 세상의 순환 속 인간의 자리에 대한 감각이 있다고요. 작가님의 시에도 그런 특징들이 있음을 인정하십니까?

르 귄 그래요, 아주 편안하게 느껴지네요. 다만 하이쿠는 제가 영어로 쓰기에 맞는 형식이 아니에요. 저는 음절로 생각하지 않고, 리듬으로 생각하거든요. 음절의 수를 헤아리는 건 제게 맞지 않아요. 그건 그 형식의 문제가 아니라 제 단점이죠. 그러니 저에게 하이쿠에 해당하는 시라면 사행시일 텐데, 물론 이건 아주 오래된 영어 정형시로 주로 약강격이나 강약격을 쓰고, 운을 맞출 때가 많지요.

네이먼 사행시를 쓰는 시인 중에 특히 사랑하시는 시인이 있을까요?

르 귄 A. E. 하우스먼은 사행시의 달인 그 자체죠. 전 열두 살인가 열세 살 때부터 하우스먼과 같이 자랐어요. 심오한 시인이에요.

네이먼 잡지 〈북리스트〉에 작가님의 초기 시집인 『공작새와의 데이트Going Out With Peacocks』에 대한 리뷰가 한 편 있는데, 이 시집은 자연을 다루면서 정치적인 관심이 아주 없지는 않은 시들과, 자연이 완전히 없지는 않은 정치 시들로 나눌 수 있다고 하더군요. (르 귄이 웃는다) 『때늦게』에 실린 시들도 그런 것 같습니다. 어떻게 자연시를 볼 때도 배경에서 정치적인 관심이나 정치적인 걱정이 느껴지는지 흥미로운데요. 작가님은 이 문제를 시집의 서문에서 잘 잡아내셨어요. UC 산타크루즈에서 하셨던 강연 〈인류세: 망가진 행성에서 사는 기술Authropocene: Arts of Living on a Damaged Planet〉의 내용이기도 했죠.

오리건대학교에서 강연 중인 모습

지금 자연에 대해 쓰면서 어떻게
우리가 우리 세상에 무슨 짓을 했는지를
시에 집어넣지 않을 수가 있겠어요?

르 귄   지금 자연에 대해 쓰면서 어떻게 우리가 우리 세상에 무슨
          짓을 했는지를—흠, 그걸 정치라고 불러야겠죠?—시에 집어
          넣지 않을 수가 있겠어요? 그 문제를 완전히 생략하기는 굉
          장히 어려워요.

네이먼   하지만 어떤 독자가 서문을 건너뛰고 시만 읽는다면, 처음 훑
          어봤을 때는 『때늦게』에 정치적인 구석이라곤 없다고 생각할
          수도 있어요. 서문이 고요와 정적과 유대감을 지지하는 게 그
          자체로 급진적인 행동이라는 암시를 주는 것 같달까요.

르 귄   그래요, 아마 그럴 거예요. 맞아요.

네이먼   이 시집에는 시간과의 관계에 대한 표현이 많습니다.

르 귄   아무래도 제목부터 『때늦게』잖아요. (웃음) 팔십대 중반에 썼
          으니 시간에 대한 내용이 많죠.

네이먼   작가님은 여러 번 '시간은 존재' '시간은 신전' 같은 말을 하
          고, 또 「캐나다 스라소니The Canada Lynx」라는 시에서는 조용히
          공간을 가로질러 자취도 없이 사라지는 미덕을 환기합니다.

* * *

해안가의 별빛_{코스트 스타라이트 노선}을 타고서

가는 길, 넓은 계곡 속,
아침 강물에서 떠오르는
하얀 펠리컨들을 보았지.
오는 길, 깊은 산맥 속,
구름에서 조용히 떠오르는
눈 덮힌 하얀 나무들을 보았지.
무겁고, 고상하고, 엄숙한
날개의, 나뭇가지의, 하얗게 써내는 파괴의 몸짓을.

이런 정서는 도가 사상과 무척 비슷하게 느껴져요. 도가에서 시간과 공간을 환기하는 방식과요.

르 권 그 안에 도가 사상이 깃들어 있는 건 거의 확실하죠. 제 안에 워낙 깊이 스며들어 있으니 제가 하는 모든 일에 배어 나올 거예요. 불교사상도 좀 있고, 게다가 「캐나다 스라소니」는 애 도가이기도 해요. 우린 스라소니들을 잃어가고 있으니까요. 조용히 떠나가고 있죠. 그러니까, 그 안에는 복합적인 감정이 들어 있어요. 조용히 움직이는 능력을 칭송하면서 동시에 사라져감을 한탄하는 거예요.

네이먼 서문에서 작가님은 비인간 타자와의 유대감이 얼마나 중요한지 말씀하셨죠. '비인간 타자'라는 말로 동물과 식물만이 아니라 돌멩이도, 심지어는 인간이 우리가 쓰려고 만들어낸 물건들까지도 가리키시고요. 작가님의 시 「애플게이트 하우스 앞, 작은 인디언 막자The Small Indian Pestle at the Applegate House」가 좋은 예가 되겠네요. 손, 쥐고, 잡고 같은 단어의 반복이 정말로 반복된 유대감을 불러일으켜요. 대상이 되는 물건만이 아니라, 그 물건을 이전에 썼던 사람들이나 처음 만들었던 사람들과도 유대감이 생기죠. 같은 서문에서 작가님은 '기술적인 해결책techno-fix'이라는 발상에 반대한다고 하셨는데요. 장담하는데 많은 사람이 이걸 보면, 그러니까 막자에 대한 시를 읽고 기술 해결책에 반대하는 철학을 읽으면 작가님이 과학기술 반대자라고 생각할 겁니다.

* * *

애플게이트 하우스 앞, 작은 인디언 막자

조밀하고 무겁고 결 고운 검은 현무암
강물처럼 매끈하게 닳아
양쪽 끝이 둥글고 무딘 원통 모양의, 도구:
절묘한 중심이나 그 전체적인 곡선
손에 들어맞는 그 모양을 만져보면
몇 년이고 몇 년이고, 손이, 여기를 쥔 여자들의 손이
그 모양을 빚어냈다는 걸 안다
그 무게가 얕고 우묵한 그릇에 떨어지게 쥐고
씨앗을 짓이기고 들어 올렸다 다시 떨구면서
부드럽고 무지막지한 노래의 리듬에 맞추어
마침내는 돌 속을 파고들었으니,
내가 집어 들었을 때는
어떻게 잡고 들어 올릴지를 직접 말해주듯
내 손을 빠듯 채우는 이 고운 형태로 부드럽게 마
모시킨
그 손가락들의 자리에 내 손가락을 놓지.
아래로 떨어지고, 또 떨어지며 노래하고 싶어 하는
이 무게.

르귄　아, 맞아요. 곧바로 극단적인 기술 반대자라는 꼬리표가 붙겠죠.

네이먼　저희를 위해 그 부분을 조금만 분석해주실 수 있을까요? 언어가 기술이라면 막자도 기술처럼 보이는데요.

르귄　물론 기술이죠. 뛰어난 기술이고, 수천 년 동안 지속된 기술이에요. 제가 최근에 '기술'이라는 단어 사용에 반대하는 건, 사람들이 '기술'이라고 하면 '첨단기술', 그것도 우리가 기쁘게 받아들이는 자원 소모형 기술을 생각하기 때문이에요. 그리고 물론 모르타르와 막자는 대단히 정교한 기술이면서 대단히 유용한 기술이죠. 우리가 쓰는 모든 도구는, 가장 단순한 도구들도 기술이고, 상당수가 완벽하게 연마되어 있어요. 그 도구가 하는 일을 더 개선할 수가 없다는 의미에서요. 식칼을 예로 들어볼까요. 식칼이 인간의 손에 들려서 식칼 본연의 기능을 할 때, 그걸 능가하는 도구는 없어요. 고기를 썰어주는 정교한 기계 같은 걸 구할 수는 있겠지만, 첨단기술이 유도하는 '시간 절약'이나 '직접 만지지 마시오'를 추구하는 길에 막 들어선 셈이죠. 내가 자꾸 이런다고 사람들이 저보고 '기술 반대자시군요' 하는데요. 흠, 허튼소리 말아요. (둘 다 웃는다) 전 글을 펜이나 연필로도 쓰고, 컴퓨터로도 써요. 그게 제 직업이에요. 언제나 기술의 산물을 이용하지만, 컴퓨터도 없고 펜도 연필도 없었다면 나무나 돌이나 뭐 그런 물건에 긁어서 썼겠죠.

네이먼   작가님이 인용하신 메리 자코버스의 말 같네요. 자코버스는
"시의 절제된 언어는 아마도 우리가 그런 것들, 움직이지 않
는 물체의 고요한 목소리나, 나무의 지각 없는 서 있음 같은
것들에 가장 가까이 다가갈 수 있는 방법일 것"이며 어쩌면
이 절제된 언어가, 우리가 유대감이나 사색으로 나아가도록
돕는 기술의 한 형태일지도 모른다고 말하죠.

언어는 우리가 발산하는 무엇이고,
특정 시기에 배우지 않으면 안 돼요.
언어는 기이해요.

르 귄   우리가 언어를 '기술'이라고 부를 수 있을지는 잘 모르겠어
요. 기술은 사실 도구와 연관되어 있죠. 언어는 우리가 발산
하는 무엇이고, 특정 시기에 배우지 않으면 안 돼요. 언어는
기이해요.

네이먼   같은 서문에서 작가님은 과학과 시, 양쪽에 대한 사랑을 이야
기하시죠. 과학은 해설하고 시는 함축한다고요. 이 부분에 대
해 좀 더 말해주실 수 있나요? 그리고 우주를 주관적으로 해
석하고자 하는 욕망에 대해서도요. 흔히 주관적 해석이라고
하면 사람들은 내면으로 파고드는 시각이라거나, 어쩌면 스
스로의 경험만 파고드는 것으로 생각할 테지만, 여기에서 작
가님은 주관적 해석을 바깥으로 손을 뻗는 길로 보시잖아요.

『때늦게』의 서문 중에서

* * *

시는 나무나 강이 무엇인지를 말하려고 시도할 수
있는 인간 언어다. 즉, 인간의 능력으로 그 대상에
'대해서' 말하는 동시에 그 대상을 위해서 말한다는
뜻이다. 시는 개별 인간의 관계를 어떤 대상(돌멩이
든 강이든 나무든)과 관련지음으로써 그렇게 할 수도
있고, 아니면 그저 대상을 최대한 진실하게 묘사함
으로써 그렇게 할 수도 있다.

과학은 외부에서 정확하게 묘사하고, 시는 내부에
서 정확하게 묘사한다. 과학은 밖으로 풀어내어 해
설하고, 시는 안으로 풀어내어 함축한다. 둘 다 묘
사 대상을 기린다. 우리의 무지나 무책임을 알려주
지 못하는 '정보'만 끝없이 쌓지 않으려면 우리에게
는 과학의 언어와 시의 언어 둘 다 필요하다.

르 귄   〈뉴욕 타임스〉에 프란스 드 발이 쓴 어떤 글에 보노보 원숭이를 간지럽히면 완전히 인간과 같은 반응, 낄낄거리고 몸을 뒤로 빼지만 간지러움을 더 원하기도 하는 등등의 반응이 나온다는 내용이 있었어요. 놀랍고도 절묘한 글이죠. 많은 과학자들이 다른 동물들과 우리의 관계를 객관화하고 싶어 하기에, 우리는 그 어린 유인원이 딱 어린 인간처럼 행동한다는 말을 할 수가 없어요. 아니다, 그 유인원은 유인원의 방식으로 반응할 뿐이다, 우린 그에 대해 결코 인간의 표현을 쓰면 안 되고, 함부로 의인화해서는 안 된다는 거예요. 그리고 드 발이 지적하다시피, 유대감에 대한 공포도 있어요. 우린 유인원이나 생쥐에게 동질감을 가질 수도 없고 가져서도 안 된다는 거죠. 하지만 동질감이 없다면 시가 어디 있겠어요?

네이먼   「맥코이 크리크에서의 사색Contemplation at McCoy Creek」이라는 시에서는 이런 우주의 주관적 해석과 바깥으로 손 뻗기라는 문제를 아주 잘 다루셨어요.

르 귄   이건 철학 시 같은 것이니, 그 시에 대해 한마디 할게요. 전 도서관이 없는 하니 카운티 스틴스산에 가서 사색contemplation이라는 단어가 무슨 의미일까 생각하고 있었어요. 그 단어에는 신전temple이 들어가 있고, 맨 앞에 붙은 con은 '함께'라는 뜻이죠. 그래서 거기서부터 시작을 했고—이게 그 시의 중반을 설명해줄 텐데—그때 묵던 집에 책이 한 권 있었거든요. 일종의 백과사전이었는데, 사색이라는 말에 아주 훌륭한 에

맥코이 크리크에서의 사색

단어 안의 의미를 찾다가, 나는 추측했다:
　　　　그곳 그 성스러운 장소 안에
신전이 있음을. 온전히 목격하고,
　　　　따라서 목격된 바의 제단이 된 신전.

개울 옆 그늘 속에서 나는 사색한다
이번 초여름 높은 곳에서 흘러온 큰물이
어떻게 물길을 바꿨는지에 대해.
　개울 속 커다란 바위 네 개는 제자리에 머물러 있
었다.
　버드나무들은 무성하기도 하고 죽기도 하고,
　범람한 물속에 뿌리를 내리기도 하고 뿌리 뽑히기
도 했다.
　　　　계곡 위 환한 빛 속에서는
까마귀 한 마리가 동쪽에서 서쪽으로 향한다
그림자 날개가 까마귀처럼 고요히
벼랑 끝 바위를 가로지른다. 사색은
나에게 불연속이라곤 아무것도 보여주지 않는다.

　　　책 안을 보았을 때 나는 발견했다:

시간이란 관측되고 구별된 신전—시간 자체와 공
간이라는 것을—
　네 개로 나뉜 하늘, 벽에 둘러싸인 땅에
　성스러운 장소를 만들기 위한 신전.

　연속성에 합류하기 위해, 마음은
　　　　　　물을 따라가고, 새들을 좇고,
　움직이지 않은 바위를, 절묘한 비행을 관찰한다.
　　　　　느리게, 침묵 속에서, 말없이,
　장소와 시간의 제단이 올라간다.
　자아는 사라져, 찬미를 위한 제물이 되고,
　찬미 자체도 적막 속에 빠져든다.

세이가 붙어 있었어요. 그러니까 이 시는 배움의 경험을 담은 셈이죠.

네이먼   시 앞부분에 "단어 안의 의미를 찾다가"라는 구절을 보니 미국 시협회와의 인터뷰에서 하신 말씀이 생각나던데요. 협회에서 운영하는 잡지에 「첫사랑First Loves」이라는 칼럼이 있었는데, 시인들에게 시를 처음 만난 경험에 대해 말해달라고 하는 코너였죠. 작가님은 토머스 배빙턴 매콜리의 이야기시 모음집 『고대 로마의 노래Lays of Ancient Rome』에 대해, 또 스윈번의 시들에 대해 이야기하셨어요. 이런 시들을 통해서 이야기를 시로 전할 수 있다는 사실을 배웠지만, 또한 이야기는 때로 단어 자체의 의미를 넘어서며, 개별 단어의 의미가 아니라 단어들이 빚어내는 박자와 음악에 더 깊은 의미가 있음을 알게 되었다고 하셨죠. 여기에 대해 조금 더 말해주실 수 있을까요?

의미는 거기에 분명히 있고, 읽는 사람도 알아요.
그건 리듬과 박자이고
그걸 전달하는 소리가 빚는 음악이죠.

르 귄   더 깊은 의미란 시가 음악에 가까워지는 지점이에요. 그 의미를 분석적으로 이해하도록 만들 수는 없어요. 의미는 거기에 분명히 있고, 읽는 사람도 있다는 걸 알아요. 그건 리듬과 박자이고 그걸 전달하는 소리가 빚는 음악이죠. 이건 너무나 신비로운 일이고 그래야 마땅해요.

네이먼   로버트 프로스트가 그런 이야기를 했죠. 누군가가 벽 저편에서 이루어지는 대화를 듣는 데 비유했어요. 소리의 높낮이와 리듬을 통해서 무슨 말을 하는지 알 수는 있는데, 실제로 개별 단어는 전혀 듣지 못하는 상황이요.

르 권   그 사람들의 감정은 알 수 있을 테지만, 실제로 무슨 말을 주고받는지는 모를 수 있죠. 소리만으로 어떻게 느끼는지를 아는 거예요. 그래요, 깔끔한 설명이네요.

네이먼   지난번에 대화를 나눌 때 작가님은 버지니아 울프와 관련해서도 비슷한 말씀을 하셨는데, 제가 알기로 울프는 시를 별로 쓰지 않았어요. 작가님이 어렸을 때 시에 대해서나 소리의 의미에 대해서 배운 바가, 산문을 쓸 때 버지니아 울프가 소리와 맺은 관계가 얼마나 의미심장한지 설명하셨던 바와 비슷한 현상이라고 생각하세요?

르 권   산문의 리듬 속 소리에 대해 말할 때는 시와 많이 달라요. 어떤 면에서는 훨씬 거칠거든요. 산문 작품의 리듬은 아주 긴 박자죠. 물론 문장에도 문장의 리듬이 있어요. 울프는 그 점을 강렬하게 의식한 작가였어요. 어떻게 리듬이 자신에게 책을 선사하는지에 대해 울프가 쓴 글도 있는데, 휴, 설명하기가 어렵군요. 사실상 표현할 어휘가 없는 경험적인 뭔가예요.

적절한 단어가 있을지 모르겠네요. 이것도 음악을 말하는 것과 비슷해요. 음악에 대해 아무리 떠들어봐야 그냥 연주를 해봐야 하는 거죠. 어떤 사람은 듣고 이해할 수 있고, 이해하지 못할 수도 있고요.

네이먼   성인이 되어서 사랑하게 된 시인으로는 누가 있나요? 소중하게 여기는 시인은요?

르 귄   릴케를 아주 윗자리에 둬야겠네요. 도움이 필요했던 어느 여름에 매킨타이어가 번역한 『두이노의 비가』 번역본을 읽었어요. 그때 제 상태가 아주 나빴는데, 그 시집에 실린 비가 몇 편이 저를 어둠에서 끌어낸 것 같다고 느껴요. 적어도 버텨내게 해준 건 확실하죠. 전 독일어를 몰라요. 그러니까 릴케와 괴테는 번역으로 마주한 다음에 왔다 갔다 하면서 짚어봐야 하죠. 보통은 저만의 형편없는 번역을 해보려고 하는데, 그러면 사전을 들고 독일어 단어를 파고들 수 있어요. 시를 읽는다는 건 아주 힘든 일이지만, 단어를 하나씩 짚어가며 읽는다면, 독일어 명사를 하나도 몰라서 모조리 찾아봐야 하고 동사는 수수께끼 같은 데다 제자리에 놓여 있지도 않으면, (웃음) 겨우 다 읽었을 때는 그 시를 제대로 알게 돼요. 자기만의 번역이 만들어지는 거죠. 그래서 제가 아는 언어는 물론이고 잘 모르는 언어도 번역하기를 좋아하는 거예요. 노자의 책이 그런 경우였죠.

네이먼   뉴디렉션스에서 재간한 릴케의 『시간의 책Poems from the Book of Hours』에 서문도 쓰셨죠.

르 귄   사실 『시간의 책』은 제가 제일 좋아하는 작품은 아니에요. 전후기 릴케를 좋아하지요. 릴케는 무척 기이한 시인이고, 그가 하는 많은 말은 제게 별 의미가 없어요. 하지만 릴케가 뭔가를 말할 때 그게 음악이라는 건 저조차도 알죠. 제 아버지는 독일어 사용자였는데, 아버지가 말하는 독일어를 들은 경험이 있다 보니 언어를 모른다 해도 그게 어떻게 들리는지는 알거든요. 진실로 그 내용을 전하는 건 그 음악이에요. 릴케가 지닌 기이한 리듬.

네이먼   가브리엘라 미스트랄을 번역하는 일에 끌리게 된 경위를 말해주실 수 있나요? 『때늦게』에서 시 한 편을 미스트랄에게 헌정하셨는데요. 어떤 면에서 사랑에 빠지셨나요?

르 귄   첫눈에 반한 사랑이라곤 할 수 없어요. 처음 미스트랄을 읽기 시작했을 때 저는 스페인어를 잘 몰랐어요. 아르헨티나에 사는 친구 디아나 베예시가 엄선된 미스트랄의 시 몇 편을 보내면서 "꼭 읽어봐야 해요" 하고 말하기에 스페인어 사전을 들고 힘겹게 파고들었다가 사랑에 빠졌죠. 미스트랄 같은 시인은 한 번도 못 읽어봤어요. 미스트랄 같은 시인은 달리 없어요. 굉장한 개성이 있죠. 노벨문학상을 받은 다른 칠레 시인, 네루다에게 모든 관심이 쏠린 건 정말이지 유감스러운 일이

* * *

Muro

Muro fácil y extraordinario,
muro sin peso y sin color:
un poco de aire en el aire.

Pasan los pájaros de un sesgo,
pasa el columpio de la luz,
pasa el filo de los inviernos
como el resuello del verano;
pasan las hojas en las ráfagas
y las sombras incorporadas.

¡ Pero no pasan los alientos,
pero el brazo no va a los brazos
y el pecho al pecho nunca alcanza!

벽

　　간단하고, 비범한 벽,
무게도 없고, 색채도 없는,
허공에 뜬 공기 같은 벽.

　　새들은 그 벽을 비스듬히 통과한다;
빛의 흔들거림도,
겨울의 칼날도,
지나가는 여름의 한숨도.
폭풍에 불려 온 나뭇잎들은 벽을 건너
그림자를 그릴 수 있다.

　　하지만 숨결은 통과하지 못하고,
팔은 뻗어오는 팔에 닿지 못하고,
숨결과 숨결은 영영 만나지 못한다.

에요. 하지만 남자들이 관심을 더 받는 경향이 있고, 여자들이 계속 보이게 하려면 분투해야 하는 법이니까요. 네루다는 정말 훌륭한 시인이지만, 나에게는 네루다보다 미스트랄에 대해 더 할 말이 많아요.

네이먼   스스로의 글쓰기로 돌아올 때는 그런 번역 시도가 어떻게 작용하나요? 번역하려는 노력이 스스로에게 미친 영향을 찾을 수 있다고 보세요?

르 귄   그럼요. 시인 각각의 영향을 찾아낼 수 있고 이런 생각도 하죠. "아, 여기선 릴케를 시도하고 있네. 그러지 마!"(둘 다 웃는다)

네이먼   『때늦게』에서 「형식, 자유시, 자유 형식: 몇 가지 생각Form, Free Verse, Free Form: Some Thoughts」이라고 이름 붙이신 후기가 정말 좋았어요. 오랫동안 함께한 시 그룹에 대해서도 얘기하셨고, 또 시 그룹 과제를 하다 보니 형식이 시를 선사할 수 있다는 사실을 깨달았다고도 하셨죠. 그 말씀은 그저 규칙을 따르기만 하면 시를 얻는다는 뜻이 아니죠. 뭔가 다른 의미예요.

전 어떤 면에서는 운율을 갖춘 시가
자유시보다 제게 더 많은 자유를 준다는 걸 알아요.
어려운 종류의 자유죠.

이건 다시 한번 형식과 리듬 등등의 수수께끼로 넘어가는데요. 많은 시인에게 또렷한 문제인데 저는 아주 늦게 깨달았던 것 같아요. 특정한 형식에 충실하면—여기서는 아주 복잡한 형식을 예로 들어보죠. 굉장히 인공적인 듯하면서 처음 접근할 때는 믿을 수 없을 만큼 어려운 빌라넬전원시라고도 불리며, 총 6연 19행의 형식을 갖춘 정형시다. 5연까지는 3행시의 형태를, 마지막 6연에서는 4행시의 형태를 갖춘다. 첫 연에 등장하는 두 가지의 후렴구가 각각 2연과 4연에, 3연과 5연에 등장하며, 마지막 연에서 반복된다이라고 해보자고요—정해진 간격으로 정해진 시구가 되풀이되어야 하고, 그 규칙에 손을 대면 안 돼요. 빌라넬을 쓴다면 빌라넬을 쓰는 거죠. 빌라넬 비슷한 걸 쓰면서 빌라넬이라고 부르는 게 아니라요. 규칙을 진지하게 받아들이면, 어떻게든 규칙을 따르면서 뭔가를 해야 한다는 필요성 자체가 뭔가를 제공한다는 걸 알게 돼요. 어떻게 그렇게 작동하는지는 모르겠고, 언제나 그런 것도 아니에요. 소네트10음절의 시행 14개가 일정한 운율로 이어지는 시는 대부분 사람들이 시의 형식이라고 하면 떠올리는 것일 텐데, 제게는 소네트가 끔찍하게 어려워요. 이젠 거의 쓰지 않죠. 너무나도 훌륭한 소네트가 너무나 많기 때문일 수도 있겠지만, 모르겠네요. 보통은 제가 그런 걸 걱정하진 않거든요. 그냥 소네트는 제가 썩 잘 다루는 형식이 아니에요. 반면에 사행시는 어떤 면에서 정직한 형식이에요. 네 행만 있으면 되지요. 다른 정의는 없지만, 리듬과 운율 등등으로 얼마든지 엄격하게 짤 수 있어요. 아마 어떤 매체의 어떤 예술가라도 같은 말을 할 거예요. 특정한 형식을 지향하면, 그 형식을 스스로 만들어냈든 다른 예술가들에게 이어받았든 상관없이 그곳에서 완전한 자유를 얻게 된다고 할 거예요. 전 어떤 면에서는 운율을 갖춘 시가 자유시보다 제게 더 많은 자유를 준다는 걸 알아요. 어려운 종류의 자유죠.

네이먼   말씀을 듣고 보니 어쩐지 다시 막자와의 유대감이 떠오르는군요. 어떤 형식을 따를 때는, 그 형식을 둘러싼 역사와의 대화에 참여하는 것이기도 해요.

르 귄   그것도 있죠, 맞아요. 그것도 신나는 일이에요. 다만 쓰는 동안에는 그 생각을 **할 수 없어요**. 그랬다간 너무 무서울 테니까요.

네이먼   〈파리 리뷰〉 인터뷰에서는 소설 쓰기에서도 장르를 형식으로 볼 수 있다고, 때로는 소설에서 어떤 형식에 맞추겠다고 선택함으로써 다른 경우라면 몰랐을 것들을 발견하게 된다고 하셨습니다.

르 귄   물론이죠. 누구든 진지하게, 어떤 장르가 당시에 유행이라거나 내가 저 작가들보다 잘 쓸 수 있다고 생각한다거나 하는 이유만이 아니라 진지하게 장르를 쓰려고 시도한다면 알게 된다고 봐요. "오, 이렇게 해야 하는구나. 그러면 나는 어떻게 할까?" 하고요. 거기엔 작가가 진지하게 받아들여야 하는 약속 같은 게 있어요. 나 혼자서는 생각하지 못했을 단서를 형식이 열어주는 거죠. 형식이 나에게 건네주는 단서랄까요. 하지만 이것도 설명하기가 어렵네요.

네이먼   전 작가님 시에는 SF와 판타지 요소가 없다는 사실이 궁금합니다……. 아예 없지는 않더라도, 거의 없죠.

르 귄   전 그 둘을 합칠 수가 없어요. SF 시협회도 있고, 제가 성장할 때 읽은 시인 중에도 SF 시 비슷한 걸 쓰거나, 테니슨처럼 시 안에 과학을 집어넣는 데 능한 시인들이 있죠. 제 머릿속은 거기에 맞질 않나 봐요. 제게는 어려운 일이에요.

네이먼   『때늦게』 후기에서 작가님은 자유 형식과 자유시, 그리고 어떻게 둘 다 쓰는지에 대해서도 말씀하셨죠. 자유 형식에 대해 좀 더 말해주실 수 있나요? 주어진 형식을 받아들이면서도 바꾸는 시인의 예로 제라드 맨리 홉킨스19세기 영국의 종교인이자 시인으로, 스프링 리듬이라는 독자적인 운율을 썼다를 드셨는데요.

르 귄   충분히 뛰어난 시인이라면 소네트를 가지고 커털 소네트홉킨스가 만든 10.5행의 소네트. 마지막 행의 길이가 다른 행의 2분의 1 또는 그 이하인 것이 특징를 만들 수 있는 거죠. 전 가끔 제라드 맨리 홉킨스에 대해 궁금해져요. 전 도저히 스프링 리듬도약률을 이해할 수가 없었어요. 몇 번이고 거듭해서 시도했는데도요. 제게는 그 운율이 이해가 되질 않고, 또 커털 소네트가 소네트인지도 잘 모르겠지만, 그래도 그게 아름다운 형식이긴 해요. 제가 시

그룹에서 받은 과제 중 하나였죠. 저도 한 편 써야 했는데, 겁에 질렸어요. (둘 다 웃는다)

네이먼   전 커틀 소네트의 정의를 찾아봤다가 쏟아지는 전문용어들에 바로 갈피를 잃었지 뭡니까. 11행 시인데, 페트라르카풍 소네트 이탈리아의 프란체스코 페트라르카가 완성한 14행의 소네트를 정확히 4분의 3 비율로 줄여놓은 구조로 구성된다니요.

르 귄   그러게요. (둘 다 웃는다) 좀 복잡한 방법이긴 한데, 맞아요. 그리고 굉장히 기묘한 마지막 줄이 있죠. 운율이 상당히 복잡하고, 설명에는 또 그 11행이 6행과 5행으로 쪼개진다는 것도 안 나와 있어요. 중간 휴식이 있는데, 그 점은 중간에 방향 전환을 하는 전통 소네트와 비슷하죠.

네이먼   2014년에 미국 문학에 두드러지는 공헌을 했다는 이유로 전미도서상을 받으셨을 때, 작가님은 예술의 상업화와 예술 실천의 대립에 대해 아름답고도 비판적인 연설을 하셨죠. 그 연설은 즉각 선풍적인 인기를 끌었어요.

르 귄   제 잠깐의 명성이었달까요. 다음 날 아침에 깨어났을 때는 정말 놀라웠죠.

네이먼   작가님은 『때늦게』를 이 연설 원고로 마무리하셨어요. 그 글에서 저항과 변화는 예술에서 시작될 때가 많고, 그중에서도 언어예술에서 저항과 변화의 시작을 볼 때가 가장 많다고 하셨죠.

독재자들은 언제나
시인들을 두려워하잖아요.

르 귄   독재자들은 언제나 시인들을 두려워하잖아요. 시인은 정치적인 존재가 아니라고 여기는 많은 미국인에게는 이상해 보이겠지만, 남아메리카나 다른 독재 치하의 나라에서는 사실 조금도 이상하지 않아요.

2014년 르 귄의 집에서 진행된 잡지 〈스트럭토Structo〉와의 인터뷰 중
(Courtesy of Euan Monaghan/Structo)

논픽션에 대하여

지난 10년간 그는 중요해진 유명 인사이자 사상가인 '이 세상의' 어슐 러였다. 같은 기간 동안 어슐러는 구글이 저작권을 무시하고 책을 디지 털화할 수 있게 합의한 작가조합에 항의하며 조합에서 공개적으로 탈 퇴했다. 또한 많은 이가 전미도서재단 역사상 가장 맹렬한 연설로 꼽을 발언도 했는데, 미국 문학에 대한 두드러진 공헌을 인정하는 상을 받 으면서 그 기회에 아마존 같은 곳이 책과 저자들을 점점 더 상업화하고 상품화하는 현실을 맹공격했다. 어슐러는 소위 포스트 팩추얼 시대무엇 이 사실인지 중요하지 않게 된 시대에 사실이란 무슨 의미인가에서부터, 정 부로부터 '해방'하겠다는 이유로 민병대가 오리건주 남동부의 야생동 물보호구역을 점령하는 시절에 과연 '공유지'란 무슨 의미인가에 이르 기까지, 오늘날 많은 문제를 두고 벌어지는 전국적 담론에서 중요한 구 성원이 되었다. 또한 같은 시기에 어슐러는 작가로서 초기에 겪은 어려 움을 나누고, 어느 웹사이트 포럼에서 글쓰기에 대한 조언을 했으며, 블로그에 고양이 파드의 '회고록'을 연재하면서 그의 삶을 다른 식으로 도 보게 해줬다.

그러니 우리의 세 번째 대화로 논픽션 쓰기를 이야기하고자 라디오 방

송국이 아니라 어슐러의 집에서 만난 것도 어울리는 일이었다. 우연히
도 어슐러의 삶과 작가 경력에 대한 다큐멘터리 촬영을 돕고 있었던
KBOO의 오후 뉴스 코디네이터 에린이 우리 대화를 녹음해주겠다고 자
원했다. 나는 에린과 함께 그 집으로 갔고, 우리는 야외 녹음으로서는
최상의 품질이 나오는 안락하고 책이 가득한 2층 공간에 자리를 잡았
다. 그래도 세상이 계속 끼어들기는 했다. 우리는 트럭이 가까이 지나
갈 때도 멈추고, 옆 침실 안의 제일 좋아하는 침대에 누워 있다가 이게
다 무슨 소란인가 확인하러 나온 파드에게 인사하느라고도 멈췄다.

내가 그랬듯 독자들도 어슐러가 소설과 시에서 가장 편안함을 느끼고,
선언과 주장의 세계에서는 좀 더 불편해한다는 사실을 알게 될 것이다.
『어둠의 왼손』에서 어슐러는 "어떤 질문이 대답할 수 없는 것인지 배
우고, 그런 질문에 대답하지 않는 것. 이것이야말로 압박과 어둠의 시
절에 꼭 필요한 기술이다"라고 말한다. 그럼에도 불구하고 에세이, 문
학비평, 강연에서―과학과 환경에 대해서든, 구글과 아마존에 대해서
든, 페미니즘과 문학의 정전에 대해서든 자신의 관점을 전달하는 이 영
역에서―어슐러는 목소리가 없는 이들을 변호하고, 모든 예술가, 아니
모든 사람의 내면에 있는 답 없는 존재를 대변해 말하는 것 같다.

논픽션에 대한 이 대화를 끝내면서 나는 소설, 시, 논픽션이라는 세 장
르 모두에 이렇게 깊은 역사를 지닌 사람과 대화할 수 있다는 것이 얼
마나 드문 일인지 말했다. 지금까지의 여정이 얼마나 특별했는지도. 사
실은 달리 누구와 이런 일을 또 할 수 있을지 상상이 가지 않는다. "이
대화를 책으로 만들어야겠는데요!" 어슐러는 이렇게 대답했다. 그리하
여 이 책이 나왔다. 어슐러 K. 르 귄의 사색이 우리의 현실이 되고, 세
상에 나온 오브제가 되어 우리 손안에 펼쳐졌다.

네이먼   이번이 글쓰기에 대해 나누는 세 번째 대화인데요, 처음 두 번은 라디오 방송국에서였고 이번에는 작가님 댁에서 만나네요. 우리가 이미 소설과 시에 대해 이야기를 나눴다는 점을 감안하니, 스몰 비어 프레스에서 작가님의 논픽션 모음집을 낸다고 발표했을 때 다시 한번 만나서 에세이와 문학비평에 대해 나누는 대화로 장르의 원을 완성하는 게 자연스러워 보였습니다. 하지만 독자가 처음으로 『찾을 수 있다면 어떻게든 읽을 겁니다』를 펼쳤을 때 처음 마주치는 글이 시인 데다가, 그 뒤에 나오는 서문 첫 문장이 이렇다는 점이 흥미로운데요. "나는 시나 소설을 읽을 때처럼 즐겁게 논픽션을 읽는 일이 별로 없다." 왜 그런지 설명해주실 수 있을까요? 그리고 왜 논픽션에 대한 작가님의 관심, 아니 관심 없음을 토로하면서 책을 시작하셨지도요?

르 귄   설명을 할 수 있을지 모르겠네요. 이 책은 사실 네 번째인가, 다섯 번째 내는 논픽션 책입니다만, 그래도 저는 스스로를 논픽션 작가로 생각하지 않아요. 그러니 그 말은 에두른 사과의 말이었지 싶군요. 그런데도 전 다시 이런 일을 하고 있죠. "내 취향은 아니에요. 정말이지 내 능력에 맞지 않아요"라고 말하면서도, 이렇게 몸을 흔들고 있어요.

네이먼   그러면 독자로서 어떤 논픽션에 끌리시나요? 작가님 마음속에서, 어떤 논픽션 작품을 설득력 있는 예술로 격상시키는 요소가 무엇인가요?

르 귄의 작업실 풍경

르 귄   우선 제가 읽을 수 있는 글이요. 나이가 많아서이기도 할 거예요. 제게는 서사가 필요한데, 사실 언제나 서사가 필요했어요. 추상적인 생각은 잘 읽지 못해요. 그러니까 자서전과 전기, 지질학 같은 과학을 읽는 경향이 있죠. 역사 속의 이야기를 전하거나, 역사 자체를 말하는 논픽션요. 추상적이거나 이론적인 글은 잘 읽지 못해요. 특히 철학에는 애를 먹어요. 대학 신입생 때 철학 수업을 들었는데요. 그때는 필수로 들어야 했거든요. 저도 철학이 좋기는 한데 도무지 머리에 남지가 않더라고요. 도저히 머리에 담아둘 수가 없어요. 반드시 이야기가 있어야 해요. 우화라면 저도 기억하거든요.

네이먼   『찾을 수 있다면 어떻게든 읽을 겁니다』 서문에서도 지금 하신 말씀을 넌지시 언급하셨죠. 소설 쓰기와 시 쓰기는 자연스럽고, 쓰고 싶기도 하며, 쓰면서 충족감을 느끼고 또 그 글의 정직성과 품질을 판단할 수 있다고 느끼지만 논픽션은 그럴 수가 없다고요. 논픽션 쓰기는 업무처럼 느껴지는 데다, 소설과 달리 글이 다루는 주제에 대해 훨씬 잘 아는 사람들이 이렇다 저렇다 판단할 거라고요. 그런 심한 불안을 느낀다면 어떻게 든든한 토대를 찾고, 또 에세이 한 편이 제대로 완성되었는지 그 여부를 아시나요?

르 귄   시작하기가 힘들어요. 끝도 없이 첫 페이지를 구겨서 버리다가 겨우 시동을 걸 수 있게 되죠. 언제 끝났는지 아느냐는 문제는 가끔 정말 어려운데요. 몇 년 전에 「여자 어부의 딸The

Fisherwoman's Daughter」이라는 글을 썼는데, 그 글을 들고 강연에 나갈 때마다 청중들이 피드백을 어찌나 많이 주는지, 매번 글을 다시 써야 했어요. 결국 전 그냥 "그만! 이젠 다시 쓰기를 그만해야 해!"라고 말하고 그대로 출간했어요. 하지만 그건 어떤 글을 그 자체로 완성한 게 아니라, 그저 어느 선에서 멈춰야 했다는 뜻이에요. 그리고 전 의견을 담아내는 글이라면 어느 경우에나 글 끝에 꼭 문을 열어놓아야 한다고 느껴요.

네이먼 그 책에서는 특히 「예술 작품 속에서 산다는 것」이라는 에세이를 가장 좋아하는 글로 꼽으시는데요. 드물게 누구의 의뢰 없이 쓰신 글이기도 하죠. 순전히 작가님이 쓰고 싶어서 쓰신 글이에요. 이 글을 쓰는 과정에 대해서 무척 흥미로운 말씀을 하셨는데요. "나는 소설을 쓸 때처럼 생각의 직접적인 수단이나 형식으로서 글을 이용할 수 있을 때라야, 산문을 제대로 이용하고 있다고 느낀다. 내가 알거나 믿는 바를 전하는 수단으로서도 아니고, 메시지 전달의 수단으로서가 아니고, 쓰기 전까지는 몰랐던 뭔가를 초래하는 탐구이자 발견의 여행이 될 때 말이다." 그런 의미에서 이 에세이를 구성하실 때의 탐구 과정에 대해 조금 말씀해주실 수 있을까요. 독자로서 그 글의 즐거움 하나는 작가님과 같이 탐구하는 느낌, 작가님과 같이 발견하는 느낌이었다는 걸 알기에 하는 말입니다.

르 권 아마 그 글은 저에게 자서전에 가장 가까운 글일 거예요. 제 어린 시절까지 거슬러 올라가고, 제가 열일곱 살에 떠나기는 했지만 그 후로도 오랫동안 다시 찾던 집으로 돌아가죠. 그러니 전 한참을 돌이켜 생각했어요. 그 글은 늙은 여자가 어린 시절을 탐구하는 글이기도 해요. 내가 살았던 곳, 단순하게는 집이면서도 어린 나에게는 우주였던 그곳이 어땠더라? 전 그곳이 어땠는지, 그곳의 의미와 내게 미친 영향은 무엇인지, 그곳이 어떻게 저를 빚어냈는지 탐구해보려고 했어요. 그 집이 지금의 저를 만들었다는 걸 아니까요. 그리고 또 제가 너무나 아끼고 사랑했던 집에 대해 쓰는 것 자체가 즐겁기도 했어요. 그 집에 다시 가서 그 집을 생각하는 즐거움이요.

네이먼　놀라운 건축가였던 버나드 메이벡이 지은 집에서 성장하셨어요. 그 경험을 다룬 이 에세이를 읽으면서 인상적이었던 것 하나는, 집이 미래의 거주자들을 기대하면서 지어진다고 하신 부분입니다. 건축가의 상상이 아직 만나보지 못한 사람들을 위한 공간을 창조한다는 느낌으로요.

르 귄　메이벡은 집을 설계할 때 그 안에 살 가족을 상상했어요. '거주용 기계'를 설계하지도 않았고, 수많은 건축가처럼 자아를 표현하면서 칭송받지도 않았죠. 결코 그러지 않는데도 '메이벡'의 건물은 바로 알아볼 수 있어요. 저도 이 에세이를 쓰기 시작할 때는 메이벡이 건축가로서 스스로의 목표에 대해 얼마나 분명히 표현했는지 미처 몰랐어요. 그 점이 저에게 대단히 도움이 되었고, 또 굉장히 흥미로웠는데도 그전까지는

「예술 작품 속에서 산다는 것」 중에서

* * *

우리의 메이벡 주택을 어떤 소설에 비유할 수 있을
지는 모르겠지만, 그 소설에는 어둠과 광휘가 담겨
있을 것이다. 그 아름다움은 정직하고 대담하고 독
창적인 구조에서, 영혼과 정신의 상냥함과 관대함
에서 솟아날 것이며 또한 환상적이고 기이한 요소
들도 갖추고 있을 것이다.

이 글을 쓰다 보니 소설이 어때야 하는가에 대한
나의 생각 중 많은 부분이 결국 그 집에 살았던 경
험으로 배운 게 아닌가 싶어진다. 만약 그렇다면,
나는 평생 단어로 그 집을 다시 지으려 애써왔는지
도 모른다.

몰랐어요. 메이벡이 조용한 사람이었기 때문이죠. 그의 자아는 일명 '스타 건축가들'처럼 거대하고 어마어마하지 않았던 거예요.

네이먼   자아의 역할에 대해서라면 이전에도 소설과 시에 관한 대화에서 이야기하신 바 있지요. 지적인 자아는 제쳐놓고 좀 더 신비로운 자아를 활용하는 데 대해서요. 우린 사전적인 정의를 넘어서는 단어들의 더 깊은 의미에 대해, 구문의 맥락에서 오는 의미에 대해, 그 배열이 연주하는 음악에 대해 이야기했습니다. 작가님께서 버지니아 울프를 인용하며 '마음속의 파도'라고 하신 음악이요. 또 도가 사상과 불교사상, 무위가 작가님의 시에 어떤 영향을 미쳤는지도 이야기했죠. 작가님께 이 건축가가 집에 접근한 방식을 듣다 보니까요, 그러니까 건축가의 자아를 내세우지 않고 어쩌면 작가님의 글쓰기와 비슷한 정신으로 그 집을 지었다는 점을 생각하니, 혹시 이래서 작가님이 논픽션을 어려워하시나 싶습니다. 너무나 많은 논픽션이 자아를 내세우고, 쓴 사람이 믿거나 생각하는 바에 대해서 말하니까요.

르 귄   맞아요. 자신이 생각하는 바를 명쾌하게 말해야 하고, 슬금슬금 돌려 말하지도 못하고 암시하지도 못하는 것. 이건 저를…… 가끔 절규하게 만드는 경향이 있어요. 도리어 너무 명쾌하고, 한편으로는 방어적이게 되지요.

네이먼   아마 이 책에서 「예술 작품 속에서 산다는 것」과 제일 멀리
        있는 글이 2014년에 전미도서재단에서 상을 받으면서 하신
        연설일 텐데요. 그때는 메시지를 전하라는 요청을 받으셨다
        는 점에서 가장 극과 극이죠.

르 귄   아니, 재단에서는 그냥 고맙다고만 하라고 했던 것 같아요.
        (웃음) 하지만 전하고 싶은 메시지가 있다면 좋은 기회였죠.
        6분이란 시간 동안은 내가 무슨 말을 해도 막을 수 없잖아요!

네이먼   그 6분짜리 연설을 위해 6개월 동안 글을 고치셨고, 중학생
        시절 이후로 공개 발언에서 그렇게 긴장한 적이 없다고 쓰신
        내용 읽었습니다. 이 연설을 하시기 전에 그렇게 여러 번 글
        을 고치게 만든 불안감과 망설임에 대해 조금만 더 말씀해주
        시죠.

르 귄   전 이렇게 생각했어요. '좋아, 나에겐 6분이 있어.' 그것도 뉴
        욕의 그 방에서, 미국 문학계에서 가장 힘 있는 사람들에게
        말하는 거죠. 제 책을 낸 출판사 모두가 거기 있었어요. 그리
        고 아마존 테이블이 있었고, 나머지도 다 있었죠. 그래서 전
        의미 있는 말을 해야 한다는 책임감을 느꼈어요. 그런데 그
        짧은 시간에 어떻게 그냥 고함만 치지 않고 의미 있는 말을
        할까? 전 문학계에, 특히 출판계의 특정한 측면에서 일어나
        는 일에, 어떤 일들이 어떻게 완전히 잘못된 방향으로 가고
        있는지에 대해 격한 감정이 있거든요. 이 감정에 대해 말하고

싫었어요. 게다가 우리 모두가, 아마 선거 이후에는 당연히 더 강해졌을 텐데, 시대가 굉장히 빠르게 변하고 있다는 느낌을 받고 있죠. 그 변화는 아주 예측하기 어렵고, 상당히 무섭기도 해요. 나쁜 시절에 예술에 일어나는 일은, 특히 언어예술에 일어나는 일은 무엇이든 무척 중요해질 수 있어요. 나쁜 시절에는 무슨 말을 하는지가 정말 중요하니까요. 전 그동안 제게 아주 중요했던 책, 노자의 『도덕경』을 떠올려봐요. 그 책은 중국에서 아주 힘든 시절에 나온 산물이에요. 아마 '춘추전국시대'라고 할 텐데요. 내전과 침략이 계속되던 시절이었죠. 그리고 노자는 사실 고국에서 추방된 신세였어요. 노자에 관한 신화에서는 그래서 그 책을 썼다고 해요. '바깥 세계'로 넘어가기 전에, 국경선에 있는 어느 여관에서 하루인가 이틀 밤을 들여 이 책을 썼다는 거예요. 그래서 전 생각했죠, 그래, 모든 게 나빠지고 있을 때는 그에 대한 증언을 하는 거야. 그리고 그렇게 하고 싶었어요. 제가 정말, 정말 말하고 싶은 게 뭔지 알아내야 했죠.

네이먼   그리고 아직 모르는 분이 있으시다면 말이지만, 그 연설은 입소문을 타고 전 세계에서 큰 뉴스거리가 됐습니다.

르 귄   그래요, 그게 제가 잠시 누린 명성이죠. 정말이지 깜짝 놀랐어요. 그 방에 있던 사람들 말고는 아무도 듣지 않을 줄 알았거든요. 그 방에 있던 사람들 중 많은 수가 언론인이고, 이야깃거리를 들으면 알아본다는 사실을 잊었던 거죠.

| 『어슐러 K. 르 귄의 말』 **마음산책**

어슐러 K. 르 귄 작가는 'SF와 판타지 문학의 거장'으로 불립니다. 그의 이름 하나에 무수한 작품이 스쳐 지나갑니다. '어스시'라는 세계에서는 마법사들이 지상을 걷고 용들이 하늘을 날았으며, '헤인 우주' 세계관에는 지구뿐만 아니라 저마다 고유한 행성들(양성애 행성 게센, 권위에서 벗어난 아나레스 사회 등)이 함께합니다. 그리고 이 모두를 그려낸 르 귄은 말합니다. "용이 존재한다는 사실을 부정하는 사람들은 용에게 잡아먹힐 때가 많지요."

그런 그가 잠시 펜을 내려놓고 현실 세계의 인터뷰에 응했습니다. 오리건주의 한 라디오방송국, 그리고 그의 자택에서요. 총 세 번에 걸쳐 진행된 인터뷰는 각각 소설과 시, 논픽션이라는 글쓰기 방식을 논하는데요. 답변 중간중간 르 귄은 여성 작가에 대한 차별, 출판의 상업화에 목소리를 높였고, 인간과 자연이 점점 멀어져가는 상황에는 속상함을 내비쳤습니다. 그리고 무엇보다 그는, 상상력의 중요성을 웅변합니다. "저는 상상력이 인류가 가진 가장 유용한 도구라고 생각합니다. 마주 보는 엄지의 유용성을 넘어설 정도죠. 저는 엄지손가락 없는 삶을 상상할 수 있지만, 상상력이 없는 삶은 상상할 수 없습니다."

일평생을 글쓰기에 공헌한 어슐러 K. 르 귄, 생애 마지막 인터뷰 속 그가 말해주는 이 '글쓰기' 이야기를 독자님께 전해드리고 싶습니다.

마음산책 드림

네이먼 이전에 예술에 관련해서 마음과 자아를 어떻게 위치시키느냐에 대한 작가님의 견해를 논하고 나서,『찾을 수 있다면 어떻게든 읽을 겁니다』맨 앞에 실린 시를 다시 찾아봤습니다.「마음은 고요하여라」라는 제목이죠. 시는 이렇게 시작합니다. "마음은 고요하여라. 허언虛言을 담긴 멋들어진 책들은 / 아무리 해도 부족하니. / 아이디어란 돼지 구유 위를 맴도는 / 어지러운 파리 떼." 지금의 관점에서 보니 특히 어울리는 말 같군요.

르 귄 그렇다면 좋겠군요. 그 책 제목원서명은 'Words Are My Matter'로, 한국어로는 '말은 나의 일'이다은 시의 2연에서 첫 행으로 등장한다도 그 시에서 땄죠. 꽤 오래전에 쓴 글이었기에, 맥락 속에서 의미가 통했으면 좋겠다고 여겼어요.

네이먼 작가님 작품이 아이디어와 정신에 관련해서 받아들여지는 여러 다른 방식들을 본다면, 작가님의 잘 알려진 작품인『빼앗긴 자들』에 대해 쓰신 에세이「타우 세티에서, 앤서블로 보낸 응답」는 아주 흥미로워요. 작가님은 이 소설을 둘러싼 학자들의 작업을 일부 언급하면서, 소설이 아이디어에서 튀어나온다는 생각에 반대한다, SF가 아이디어의 문학이라는 생각에 반대한다, 그리고 설교를 해버리는 실패를 저지르고 찬양받기보다는 설교하지 않으려는 노력을 칭찬받는 편이 낫다고 하셨습니다. 이 글은『빼앗긴 자들』이 인정받는 방식에 대한 불만에서 나온 건가요, 아니면 이 작품이 학계에서 논의되는 방식에 대한 불만에서 나온 건가요?

어떤 소설이나 시도
분명한 한 가지 의미만으로 환원할 순 없어요.

르귄   아니, 전혀 아니에요. 사실 그 에세이는 『빼앗긴 자들』에 대
        한 에세이 모음집 『어슐러 K. 르 귄의 「빼앗긴 자들」에 나오는 새로운 유토피
        아 정치학』에 서문으로 쓴 글이었어요. 전 이 책에 실린 논의 대
        부분이 대단히 지적이고 전문적일 뿐만 아니라 친근하고, 아
        이디어만이 아니라 감정도 이용한다는 사실에 좀 놀랐어요.
        저 역시 아이디어 자체에 대해 악감정은 없어요. 저도 결국엔
        지식인인 걸요. 하지만 아이디어가 교훈이 되거나, 독선이 되
        거나, 그냥 의견이 되면 성가시죠. 제가 맞서려고 애쓰던 건
        『빼앗긴 자들』에 대한 반응만이 아니에요. 그 작품이 유독 아
        이디어밖에 없는 것처럼 다뤄지긴 하지만, 제가 반대한 건 SF
        를 포함해 모든 문학을 지적으로만 분석하려 드는 경향이에
        요. 문학을 "저자가 무슨 말을 하고 있지?"라거나 "저자의 메
        시지는 뭘까?" 같은 질문으로 가르치는 경우가 많잖아요. (격
        분의 한숨을 내쉰다) 어떤 예술이든 다른 말로 바꿀 수 있는 언
        어적 사고만으로는 이루어지지 않아요. 그 안에서 벌어지는
        다른 것도 비평에 포함해야만 해요. 어떤 소설이나 시도 분명
        한 한 가지 의미만으로 환원할 순 없어요.

네이먼   2002년 오리건 문학예술 모임에서 하신 강연의 원고, 「사용

설명서」에서 작가님은 미국 문화가 갖고 있는 상상력에 대한
두려움을 정말 훌륭하게 써내셨습니다. 이전에 나눈 대화에
서는 제가 이 문제를 장르소설을 문학으로 보는 데 대한 저항
과 혼동했더군요. 혹시 이제 장르소설이 드디어 그 벽을 무너
뜨리고 있다면, 그건 미국이 좀 더 건강한 방식으로 상상력을
받아들이게 되었다는 뜻일까 궁금했습니다. 작가님은 반발하
시면서 미국과 상상력의 문제는 장르소설과 문학의 문제보다
더 크다고 했지만, 당시 우리는 그 주제를 더 밀고 나가지 못
했어요. 미국의 정신이 무엇이길래 우리가 상상력을 두려워
하게 만드는 걸까요?

상상력을 방해하거나 업신여기는 건 끔찍한 짓이고,
무엇에 대해서든 생각할 수 있어야 하는
어리고 성장 중인 정신에는 특히 해로워요.

르 귄   그때 말한 옛날 에세이는 「왜 미국인은 드래건을 두려워하
          는가?」였고, 딱 집어서 모든 판타지를, 상상력이 많이 들어간
          모든 소설을 단지 오늘의 주식시장을 다루지 않는다는 이유
          로 아이들용이라거나 중요하지 않다고 폄하하는 미국인의 경
          향에 대해 쓴 글이었어요. 삶에 대해 즉각적인 이득만 따지는
          태도죠. 디킨스가 소설 『어려운 시절』에서 그 문제를 다루는
          데, 즉각적인 이용과 이득 말고는 아무것도 생각하지 못하고
          그래서 정말로 미래가 존재한다는 감각까지 잃어버리는 완
          벽하게 '사실적인' 사업가를 놀리죠. 교육 전반에서 나타나는

「사용 설명서」 중에서

* * *

시인이 대사로 지명됩니다. 극작가가 대통령으로 선출됩니다. 새로 나온 소설을 사려고 건설노동자들이 사무장들과 같이 줄을 섭니다. 어른들이 전사 원숭이들, 애꾸눈 거인들, 그리고 풍차와 싸우는 미친 기사들의 이야기 속에서 길잡이와 지적인 도전을 찾습니다. 문해력은 끝이 아니라 시작으로 여겨집니다.

글쎄요, 어디 다른 나라라면 그럴지도 모르지요. 이 나라에서는 아닙니다. 미국에서 상상력이란 보통 TV가 고장 났을 때나 쓸모 있을지 모르는 뭔가로 간주되거든요. 시와 희곡은 실제 정치와 아무 관계도 없습니다. 소설은 학생과 주부, 그리고 일하지 않는 사람들이나 읽는 겁니다. 판타지는 어린아이와 모자란 사람들이나 보는 것이고요. 문해력이란 사용 설명서를 읽을 수 있다는 거랍니다! 저는 상상력이 인류가 가진 가장 유용한 도구라고 생각합니다. 마주 보는 엄지의 유용성을 넘어설 정도죠. 저는 엄지손가락 없는 삶을 상상할 수 있지만, 상상력이 없는 삶은 상상할 수 없습니다.

이런 사고방식은(디킨스는 그 점에 대해서도 분명하게 다뤘어요) 아이의 성장 전체에 손상을 입혀요. 상상력이란 우리의 정신이 작동하는 방식에서 아주 큰 부분을 차지하니까요. 상상력을 아끼거나 방해하거나 업신여기는 건 끔찍한 짓이고, 무엇에 대해서든 생각할 수 있어야 하는 어리고 성장 중인 정신에는 특히 해로워요. 아이들은 상상하고, 상상과 실제를 구별하는 방법을 배워야 해요. 전 아이들이 대부분의 어른이 생각하는 것보다 훨씬 구별을 잘한다고 생각하는데요. 아이들은 동화를 알아요. 그리고 거짓말도 알 때가 많아요. 어쨌든 이성과 상상, 둘 다 훈련이 필요하지요. 몸을 움직일 때처럼 이성과 상상도 운동을 해야 해요. 지금도 합리적인 사고는 어느 정도 훈련하지만, 상상력은 미국의 교육에서 점점 설 자리를 잃고 있어요. 이건 굉장히 무서운 일이에요.

네이먼 「사용 설명서」에서 하신 말씀 중 매력적인 부분이 있는데요. '집'이란 가족도 아니고, 거처도 아니라는 부분이요. 집은 그게 아니라 상상이고, 상상이란 허상이라는 뜻이 아니라 어떤 면에서는 다른 어느 곳보다 더 진짜라고 하셨죠. "상상한 집은 실재하게 됩니다. 그 어떤 장소보다 더 진짜이지만, 여러분의 동족이 어떻게 상상할지 알려주기 전까지는 도달할 수가 없어요. 그 동족이 누구든 간에 말입니다." 저희를 위해 좀 더 설명해주실 수 있을까요? 인간이 어떻게 '집'을 상상하고, 무리를 만들고, 살아가는 방법을 고안하는지, 어떻게 집을 우리가 번성할 수단으로 상상하는지를요.

손녀에게 책을 읽어주고 있는 어슐러
(1996, Courtesy of Ursula K. Le Guin Literary Trust)

우리가 소위 '원시적'이라고 부르는 사회에서 신화의 기능은 요, 진지한 성인들이 다른 성인들에게 진지하게 말하는 진 짜 신화의 주된 기능 하나는 우리에게 우리가 누군지 말해주 는 거예요. 예를 들어 "우리는 디네Diné, 나바호어로 '인간'다" 또는 "우리는 아파치인이다"가 그렇죠. 그리고 우리가 누구인지를 알려면 우리가 어디에서 왔는지, 지금 어디에 사는지, 더 찾 아가야 할 집이 있다면 어떤 곳인지를 아는 게 아주 중요해 요. 나를 지구상의 특정한 맥락 속에서 나의 동족 사이에 위 치시키는 거죠. 이 작업을 해내려면 상상력의 생생한 활동이 필요하고, 그래서 모든 신화는 어떤 면에서 '비현실적인' 듯 해요. 그렇지만 그 신화들은 공동체의 일원인 어떤 사람의 현 실 속 핵심을 찌르려고 하죠. 그건 중요한 일이에요.

이 책에서는 이렇게 상상력을 들여다본 직후에 2005년 문학 과 생태학 콘퍼런스에서 하신 「책 속의 짐승」이라는 강연과 마주치게 되는데요. 여기에서는 상상력을 자연과 비인간 타 자와 관련지어서 말씀하셨죠. 작가님은 민담과 동화와 전설 속에서 동물과 인간이 이루는 공존에 대해 말하신 뒤 오직 후 기산업 시대에만 동물담을 아이들용으로 여긴다고 하셨어요. 그 글을 읽고 나니 문학에서의 금기 사항 하나가 생각이 납니 다. 많은 문학잡지가 말하는 동물이 나오는 소설이나, 동물의 관점을 상상해서 쓴 소설을 명확하게 금지하고 있다는 사실 이요. 이렇게 동물 이야기의 독자를 아이들만으로 제한하는 문화는 후기산업 시대 전반의 현상일까요, 아니면 미국 후기산업 시대만의 현상일까요?

르 귄   미국만은 아니에요. 유럽 문학도 포함이죠. 문제는 우리가 예
전처럼 다른 동물들과 어울려 살지 않는다는 거예요. 지난
200년간 관계가 엄청나게 달라졌죠. 예전에는 동물들에게서
벗어날 수가 없었어요. 삶의 일부였고, 밭에서 함께 일하는
동료로서나 식량 공급원으로서, 양털 공급원으로서 인간의
복지에 꼭 필요한 존재였죠. 지금 우리는 그 모든 것을 까마
득한 거리에 두고 얻어요. 지금은 다른 동물과 한방에 있지도
못하는 사람들이 있죠. 100년 전이었다면 그 사람들이 어떻
게 살았을까. 전 정말 모르겠어요. 아마 그 상황을 어떻게든
좋아하거나 아니면 참는 수밖에 없겠죠. 요새 아이들은 인간
외에 다른 생물은 만져본 경험도 없이 성장해요. 우리가 소외
된 건 당연하죠. 우린 지구상에 다른 생물이라곤 존재하지도
않는다는 듯이 도시에 살 수 있어요. 사람들이 무관심해지고,
종 하나쯤은 멸종해도 상관없다고 생각하는 것도 놀랍지 않
아요. 우린 계속 다른 존재를 접해야 하는데, 그러지 않아요.
전 동물을 다루는 문학과 어린이책 같은 문학이 그들과 최소
한의 접촉이라도 하기 위한 창의적인 방법이라 생각해요. 그
러니 아주 중요하고요. 그렇지만 나와 같은 의견을 가진 문학
계 사람이 많진 않아요. 문학계 사람들은 동물을 다룬다면 감
상적인 이야기일 거라고 추측해버리죠. 그리고 그 사람들은
감상주의야말로 세상에서 제일 나쁜 죄악이라고 생각해요.

네이먼   흠, 지금 댁에서 이 대화를 나누다 보니 또 다른 저자분이 방을 들락거리는데요. 작가님의 고양이 파드에겐 직접 낸 신간이 있죠. 파드의 논픽션에 대해 조금만 말씀해주세요.

르 귄   (웃음) 제가 뻔뻔스럽게 파드인 척하고 자서전『파드의 묘생 일기』을 썼죠. 파렴치하기도 해라! 파렴치하다는 말을 하는 건, 사실 제 생각과 감정은 파드의 생각과 감정과는 **엄청나게** 다르잖아요. 제가 파드를 완전히 인간 취급했어요. 하지만 식민주의 같은 짓은 아니었으면 좋겠네요. 제가 파드를 그냥 마음대로 이용하는 게 아니면 좋겠어요. 전 정말 파드를 많이 존중하거든요. 제가 파드의 감정에 대해 이해하거나, 추측할 수 있는 내용을 다른 사람들과 공유해보려고 했어요. 그 이상은 아니에요. 타자에 대해 쓴다는 것 전부를 생각하면, 동물은 빙산의 일각에 불과해요.

네이먼   말이 나왔으니 말인데, 그 글에서 T. H. 화이트의『아서왕의 검The Sword in the Stone』을 중요한 책으로 꼽으셨잖아요. 성장기의 저에게도 굉장히 중요한 책이었거든요. 주로 멀린이 미래의 아서왕을 교육하면서 변신시킨 다양한 동물 때문이었어요.

르 귄   아서는 온갖 존재로 변신하죠. 매, 고슴도치, 심지어는 돌이 되기도 해요. 경이로움 그 자체죠. 그 책은 제게도 깊고 영구한 영향을 미쳤어요. 안타깝게도 화이트는『아서왕의 검』을

「책 속의 짐승」 중에서

* * *

왜 대부분의 아이와 많은 어른은 진짜 동물과 동물에 대한 이야기 양쪽에 반응하고, 우리의 지배 종교와 윤리들은 인간이 이용할 대상이라고만 보는 존재들에게 매혹되고 또 그들과 스스로를 동일시할까요. 산업사회에서는 예전처럼 우리와 일하지도 않고, 그저 우리 식량의 원재료나 우리에게 이득이 될 과학 실험 대상, 동물원과 TV 속 자연 프로그램에서 우리를 즐겁게 해주는 진기한 존재들, 우리의 심리 건강을 개선하기 위해 두는 애완물일 뿐인데?

어쩌면 우리가 아이들에게 동물 이야기를 주고 동물에 대한 관심을 북돋아주는 건, 우리가 아이들을 온전한 인간이 아니라 열등한 존재로, 정신적인 '원시'인으로 보기 때문일지도 모릅니다. 그러니까 우린 애완동물과 동물원과 동물 이야기들을 어린이가 어른으로, 배타적인 인류로 발전하는 길의 '자연'스러운 단계로 보는 거죠. 지성도 없고 무력한 아기에서 시작해서 지적인 성숙과 지배의 영광을 획득하기까지 거쳐야 할 사다리쯤으로요. 존재의 대 사슬 만물이 가장 낮은 무생물부터 가장 높은 신까지 계층적으로 연결되어 질서를 이룬다는 개념이라는 계통 발생의 단계를 반복하는 개체 발생이랄까요.

하지만 그 아이가 찾는 건 뭘까요. 아기 고양이를 보고 흥분하는 아기, 『피터 래빗』을 또박또박 읽는 여섯 살짜리, 『블랙 뷰티』를 읽으면서 우는 열두 살 짜리라면? 문화 전체가 부정하는데 그 아이는 알아 차리는 게 무엇일까요?

크리스마스를 함께 보내던 어슐러와 파드(2015)

『과거와 미래의 왕The Once and Future King』에 포함시킬 때 제일 좋은 부분 몇 군데를 빼버렸죠. 경이롭고 신비로운 부분을 빼고, 정치적인 아우성을 더한 거예요. 양쪽 판본을 다 아는 사람들은 대부분 그게 실수였다고 생각해요. 가능하다면 예전 책을 구해보세요.

네이먼   그 후에 작가님은 "우리는 세상을 우리 인간들과 우리의 소유물만으로 축소했지만, 그 세상에 맞게 태어나지는 않았다"고 하셨죠. 마치 비극적인 공포소설 같네요. 우리가 어떤 세상을 만들어놓고서, 우리에게 잘 맞지 않고 우리 스스로만을 이야기하는 그 세상에 대한 문학을 만들다니요.

르 귄   우리가 그 세상에 살도록 맞춰지기는 했죠. 하지만 그 세상은 우리가 살 수도 있을 세상에 비하면 너무 작은 일부예요. 이렇게 말하면 어떨까요. 그러면 공포소설 느낌은 덜하고 실존적인 실수라는 느낌이 더해지니까요.

네이먼   한 걸음 더 나아가서, 저는 판타지나 SF를 문학으로 여기는 데 갖는 반감이 혹시 비인간을 높이 끌어올리고, 지성이나 다른 면에서 인간중심주의를 벗어나기 때문은 아닐까 싶습니다.

지구가 얼마나 오래됐는지 알고 나면
권좌에서 밀려난 기분이 들어요.
그걸 못 참는 사람이 많죠.

르 권 　맞는 말이에요. 그런 시도에 대해서는 실제로 저항이 있죠.
과학에 대한 반감도 많은 경우 그래서 일어나고요. 과학은,
코페르니쿠스만이 아니라 대부분의 과학은 우리를 만물의 중
심에서 밀어내니까요. 실제로 우린 중심이 아니니까요. 지구
가 얼마나 오래됐는지 알고 나면 권좌에서 밀려난 기분이 들
어요. 그걸 못 참는 사람이 많죠. 싫은 거예요. 소외감을 느끼
니까요. 안타까운 일이죠. 받아들일 수만 있다면 과학은 사람
들에게 훨씬 더 깊은 일체감을 안겨줄 수 있는데 말이에요.
언제나 우리 주변에 있고, 우리 모두를 포함하는 이 모든 경
이로운 과정들에 대한 공감을요.

네이먼 　작가님은 이 책에서 젠더, 성차별, 페미니즘, 젠더화된 문학
에 대한 글을 많이 쓰셨는데요. 오리건주 조지프에서 열린 겨
울 낚시 여행 모임에서 하신 강연 글, 「여자들이 아는 것」에
서는 여자들의 지식을 숭배하거나 여자들을 본능과 자연과
어둠과 연관시키는 데 반대하셨습니다. 이건 여자들을 좀 더
원시적인 존재로 보는 남성우월주의 시각을 강화할 뿐이라고
요. 이 대목을 읽으면서 전 「여자들이 아는 것」과 「책 속의 짐
승」 사이에 오가는 언외의 대화를 느꼈어요. 같이 읽으면 꼭
자연과 짐승 같은 비인간 타자를 다시 문학에 불러들이려 하

면서도 동시에 자연의 영역은 곧 여성의 영역이라는 생각에서 분리하려는 것 같거든요. 그러면서 작가님은 남자들이 평소에 피하려 하는 어둠 속에서도 어느 정도 시간을 보내고, 여자들은 빛 속에서도 시간을 보내는 세상을, 여자들이 이성과 아이디어와 행동의 세계에도 정당한 자리를 요구하는 세상을 상상하시죠. 이 부분을 저희에게 조금 더 설명해주시면 좋겠습니다. 자연에 성별을 대입하는 해석에 대해 어떻게 파고드셨는지요.

남성의 능동적인 창조력만이 진정한 힘이고,
다른 힘이나 능력은 그에 비해 열등하다고 주장하는
인간 행위의 얼마나 많은 부분이
남성의 보상 심리에서 나왔을까요?

르귄   어떤 면에서 이 문제는, 여자는 자기 몸으로 아이를 잉태하고 임신하고 출산한다는 외면할 수 없는 단순한 사실로 수렴한다고 봐요. 여자들은 이 위대한 자연 행위를 할 수 있지만 남자들은 못 하죠. 그렇다면 앞서 말한 경향의 얼마나 많은 부분이 남성의 보상 심리에 기인할까요? 남성의 능동적인 창조력만이 진정한 힘이고, 다른 힘이나 능력은 그에 비해 열등하다고 주장하는 인간 행위의 얼마나 많은 부분이 남성의 보상 심리에서 나왔을까요? 그게 제 많은 글을 관통하는 주제예요. 많은 사람의 삶을 관통하는 주제니까요.

네이먼 이전 대화에서 우리는 정전에서 지워지는 여성 작가들, 또는 애초에 정전에 오르리라 고려되지도 않는 여성 작가들에 대해 이야기했지요. 돌아가신 그레이스 페일리를 한 예로 들었고, 또 C. J. 체리를 윌리엄 깁슨과 함께 거론했어요. 두 작가는 같은 시기에 상을 탔고, 당시에는 둘 다 화제가 된 듯했으나, 몇십 년이 지나고 나자 윌리엄 깁슨은 모두가 아는데 체리의 이름을 들어본 사람은 훨씬 적죠. 그래서 전 『찾을 수 있다면 어떻게든 읽을 겁니다』에 수록하신 에세이 「사라지는 할머니들」을 읽고 기뻤습니다. 이 글에서 작가님은 여자들이 정전에서 지워지거나, 문학 담화에서 사라지는 네 가지 방식을 열거하셨어요. 폄하, 누락, 예외, 실종이라고요.

"사라지는 할머니들"이라는 제목은 월리스 스테그너의 편지 한 통에서 가져오셨죠. 작가님이 월리스 스테그너에 대해, 그리고 스테그너가 작가 메리 할록 푸트에게 한 짓에 대해 쓰신 내용은 상당히 충격적이었고, 여성 작가가 지워지는 현실의 지독한 예시였습니다.

르 귄 메리 푸트는 살아 있는 동안 문학계에서 대단한 영예를 얻지는 못했지만 인기는 어느 정도 누린 작가였어요. 아주 훌륭한 단편을 몇 개 썼죠. 당시에는 꽤 유명했는데, 월리스 스테그너보다 두 세대 전이었어요. 푸트는 무척 훌륭한 자서전을 썼는데, 당시에는 출간이 되지 않았고요(이 책은 1972년에 『머나먼 서부의 빅토리아 시대 숙녀A Victorian Gentlewoman in the Far West』라는 바보스럽고 오해를 부르는 제목으로 출간되었어요). 스테그너는 푸트의 자손들에게 이 책 한 권과 편지 몇 통을 받았어요. 그걸 가져다가 소설 『안식각Angle of Repose』을 썼죠. 메리 푸트의 책을, 실제 인생 이야기를 가지고서요. 아마 제목도 거기서 가져왔을 거예요. 지질학자가 쓰는 용어인데, 안식각이란 바위가 가만히 있을 수 있는 언덕의 각도를 말해요. 아름다운 제목이죠. 그런데 스테그너가 메리 푸트에게 인정한 공로라고는 그 자손들에게 할머니를 '빌려줘서' 고맙다고 한 것뿐이었어요. 심지어 이름도 호명하지 않았죠. 난 용서할 수 없는 짓이라고 봐요. 월리스 스테그너를 용서할 수가 없어요. 아주 유명하고, 아주 인기 좋고, 지식인들에게 존경도 많이 받고 있으며, 아주 쉽게 공을 돌려야 할 곳에 돌릴 수 있었던 사람인데, 그렇게 하지 않다니, 용서가 안 돼요.

네이먼   작가님은 고양이의 내면을 상상한 글에 대해 이야기하면서 차이를 넘어서는 글쓰기에 있을 수 있는 위험을 말씀하셨는데요. 출판사 파로스 에디션과 함께 작가들이 특히 다시 출간해 마땅하다고 생각하는 절판도서를 한 권씩 고르는 프로젝트에 참여하셨을 때, 작가님은 찰스 L. 맥니콜스의 『크레이지 웨더Crazy Weather』를 고르셨죠. 십대 시절에 읽고 70년 후에 다시 읽으셨다면서요. 맥니콜스가 백인이면서 모하비 사람들과 신화에 대해 썼다는 점을 생각하면, 이 책도 차이를 넘어서는 글쓰기에 대해 흥미로운 질문들을 불러일으킵니다. 지난 몇 년간 차이를 넘어서는 글쓰기는 문학계에서 뜨거운 화젯거리였죠. 지금도 진행 중인 이 대화의 최신 의견으로는, 라이오

「사라지는 할머니들」 중에서

* * *

예외

남자의 소설을 논하면서 저자의 성별을 언급하는
경우는 몹시 드물다. 여자의 소설은 저자의 성별과
함께 논의되는 경우가 아주 잦다. 표준은 남성이다.
여성은 표준의 예외, 표준에서 배제된 존재다.
비평에서나 서평에서나 이 예외와 배제를 실천한
다. 예를 들어 버지니아 울프가 위대한 영국 소설가
라는 점을 인정해야 하는 비평가는 애써 그녀가 예
외임을 보여줄 수 있다. 멋진 요행이라고 말이다.
예외와 배제의 수법은 다양하다. 여자 작가는 소설
의 '주류'에 속하지 않음이 드러난다. 그 작가의 글
은 '독특'하며 후대 작가들에게 아무 영향을 미치지
않는다. 어떠한 '컬트'의 대상이다. 그녀는 (매력적
이고, 우아하며, 마음을 저미고, 감성적인) 연약한 온실
의 꽃이며 그러니 남성 소설가의 (강력하고, 선이 굵
고, 대가다운) 활력과 경쟁한다고 보아서는 안 된다.
제임스 조이스는 거의 나오자마자 정전에 올랐다.
버지니아 울프는 정전에서 배제되거나 마지못해 받
아들여졌으며 그러고도 수십 년간 의구심을 샀다.
정교하고 효과적인 서술 기법과 장치를 갖춘 『등대

로』가 기념비적으로 막다른 길인 『율리시스』보다 후대의 소설 쓰기에 미친 영향이 훨씬 크다는 주장은 얼마든지 가능하다. '침묵, 유배, 교묘함'을 선택하고 은둔 생활을 한 제임스 조이스는 스스로의 글과 경력 외에는 아무것도 책임지지 않는다. 버지니아 울프는 자기 나라에서 지적, 성적, 정치적으로 활발한 사람들이 이루는 비범한 집단으로 꽉 찬 시간을 보냈다. 그리고 어른이 된 후 내내 다른 작가들을 읽고, 서평을 쓰고, 출간했다. 제임스 조이스가 연약한 쪽이고, 버지니아 울프가 굳센 쪽이다. 조이스가 컬트의 대상이고 우연이며, 울프는 20세기 소설의 중심에서 지속적으로 풍부한 영향을 미쳤다.

하지만 정전주의자들은 결코 여자에게 중심을 부여하지 않는다. 여자들은 반드시 주변에 남겨져야 한다.

어떤 여자 소설가가 1급 예술가라는 사실이 인정되더라도, 배제 수법은 여전히 작동한다. 제인 오스틴은 존경을 많이 받지만, 그래도 어떤 본보기로 여겨지기보다는 독특하고 흉내 낼 수 없는 놀라운 우연으로 여겨질 때가 많다. 실종될 순 없어도, 완전히 포함되지도 않는다.

작가의 생존기에 일어나는 폄하, 누락, 예외는 작가의 죽음 이후 일어나는 실종의 준비 작업이다.

넬 슈라이버가 자신이 어떻게 받아들여지든 간에 원하는 일을 할 권리가 있다고 주장한 악명 높은 연설도 있었죠. 그것도 도발적으로 멕시코 솜브레로를 쓰고서 한 발언이요 보든대학교에서 주재한 데킬라 파티가 미니 솜브레로를 테마로 사용했다는 이유로 타 문화를 생각 없이 가져다 썼다는 공격을 받은 사건이 먼저 있었고, 이에 자극을 받은 라이오넬 슈라이버가 문학 축제 기조연설에 솜브레로를 쓰고 나가서 '그러면 문학도 남의 모자를 쓰면 안 된다는 거냐'고 비판한 일을 말한다. 이 연설도 다시 인종 우월주의라는 비판을 받았으며, 많은 토론을 불러일으켰다. 차이를 넘어서는 글쓰기, 다른 인종, 다른 젠더, 아니면 뭐가 됐든 다른 주체가 되어 글을 쓰는 문제를 어떻게 생각하시나요? 그런 글쓰기의 위험과, 가능한 보상에 대해서는요?

다만 우리는 다른 존재의 마음을 상상할 수밖에 없어요.
그리고 그 상대를 멋대로 이용하지 않도록,
매 걸음을 아주아주아주 조심해야죠.

르 귄　오, 데이비드. 그건 완전 벌집을 쑤시는 질문이에요. 사람들은 수십 년째 이 문제에 대해 이야기했죠. 다른 문화에서 자란 사람을 어디까지 대변할 수 있는가? 제 아버지는 인류학자였고 이 질문과 정면으로 부딪쳤어요. 이해하려는 시도는 언제 동의 없는 가져다 쓰기가 되어버리는가? 이 문제는 물론 백인이 인디언 르 귄은 당사자들의 의사가 중요하다는 이유에서 '북미 원주민'이라는 표현보다 인디언이라는 표현을 고수했다의 목소리로 쓸 때 극심하게 눈에 띄었죠. 페니모어 쿠퍼 19세기 작가로, 『개척자』『모히칸족의 최후』『대평원』을 포함해 5개의 소설을 엮은 '가죽 스타킹 시리즈'로 잘 알려져 있다. 이 시리즈는 특히 백인과 인디언의 관계를 그린다 때부터요. 그 작가들은, 당시에는 문학적인 목소리가 없었지만 분명 자기들만의 구술 문학과 자기들만의 목소리와 자기들만의 견해가 있었던 인디언들의 목소리를 멋대로 가져다 썼어요. 인디언들의 목소리는 들리지 않았죠. 다 백인들을 통해 해석되어야 했어요. 이런 일은 계속 일어나요. 여자들에게 문학에서든 다른 어디에서든 목소리가 없었던 수천 년 동안은 남자들이 여자를 대변했죠. 그것도 여전히 일어나는 일이에요. 하지만 좋아요, 그렇다고 아무도 다른 사람을 대신해서 말할 수 없다는 데까지 정치화해버리면, 난장판이 되어버려요. 그러다 보면 아무도 목소리가 없는 사람들을 대변할 수 없다고 해야 하니까요. 이게 다른 동물에 대한 이야기가 되면 또 꼬이지만요. 물론 다른 동물에게 목소리는 없죠. 원래 그렇게 타고났고, 우리처럼 언어를 쓰지 않으니까요. 그렇다면 우린 어느 정도까지 대변할 수 있을까요? 아주 제한적인 정도까지밖에 안 돼요. 그렇다고 우리가 동물들의 감정을 이해하지 못하는 건 동물에게 감정이 없어서라거나, 우리가 동물들의 생각을 이해하지 못하는 게 동물이 생각을 하지 않아서라고 말하는 행동과학자들처럼 굴 필요는 없죠. 심지어 비트겐슈타인처럼, 사자가 말을 할 수 있다 해도 우리는 그 말을 이해하지 못할 거라고 할 필요는 없어요. 꼭 그렇지는 않아요. 다만 우리는 다른 존재의 마음을 상상할 수밖에 없어요. 그리고 그 상대를 멋대로 이용하지 않도록, 매 걸음을 아주아주아주 조심해야죠. 우리가 상

상하고 이해해보려는 목소리의 자리를 넘겨받아서, 거기에
우리의 목소리를 넣는 거니까요. 끝없이 경계해야만 해요.

네이먼 찰스 L. 맥니콜스의 『크레이지 웨더』를 그런 일을 잘해낸, 비
교적 성공적인 사례로 내미셨군요.

정말 다른 뭔가,
틀림없이 인간이고 감정적으로 대단히 이해할 만하지만
정말 다른 뭔가와 접촉했다는 감각이야말로
소설이 해주는 위대한 일 중 하나죠.

르 귄 그랬죠. 위험을 감수하고 일부러 그랬어요. 전 인디언들이 자
기들을 대변하고 모든 면에서 완벽하게 정당화되는 백인들
에 대해 어떻게 느끼는지 알아요. 그런데도 저는 백인 남자
가, 모하비 사람 손에 큰 백인 소년을 화자로 쓴 이 책을 골
랐어요. 그리고 전 맥니콜스도 어느 정도 그 소년과 같다고
가정할 수밖에 없어요. 그렇지 않다면 이렇게 잘 알 수가 없
거든요. 그렇게 내부자의 입장에서 말할 수가 없어요. 게다가
그 책에는 내용을 완전히 승인하는 인디언 대모의 서문이 붙
어 있으니, 전 맥니콜스가 제대로 썼다고 느꼈어요. 함부로
이용하지 않고 조심스럽게 썼죠. 정말 다른 뭔가, 틀림없이
인간이고 감정적으로 대단히 이해할 만하지만 정말 다른 뭔
가와 접촉했다는 감각이야말로 소설이 해주는 위대한 일 중
하나죠.

© Win Goodbody

네이먼 『찾을 수 있다면 어떻게든 읽을 겁니다』에는 다양한 다른 책에 쓰신 서문과, 여러 다른 작가에 대한 글을 모은 장이 있습니다. 우린 그런 글을 읽으면서 작가님에 대해 흥미로운 사실을 알게 되지요. 예를 들어 작가님과 필립 K. 딕이 같은 시기에 같은 고등학교에 다녔지만 만난 적이 없었다거나, 1970년대에 미국 SF 판타지 작가협회가 냉전 정책 때문에 스타니스와프 렘의 명예 회원직을 박탈한 것을 항의하느라 작가님이 네뷸러상을 거절하셨다거나 하는 일이요. 그 상은 냉전의 전사였던 아이작 아시모프에게 돌아갔죠.

르 귄 내가 독선적으로 굴어서 그에 걸맞은 대접을 받은 거겠죠.

네이먼 이 장에서 다루신 모든 작가 중에서도 저는 주제 사라마구와 그분이 작가님에게 미치는 중요성에 대해 이야기해봤으면 좋겠는데요. 이 책에서 우리는 주제 사라마구라는 작가에 대한 글만이 아니라 몇 권의 서평도 보게 되는데, 작가님은 사라마구가 동시대 소설가 중에서 유일하게 아직 배울 점이 있는 작가라고 하셨어요. 주제 사라마구를 이렇게 계속 중요하게 여기시는 이유를 조금 말씀해주시죠.

르 귄 모든 일의 시작은 나오미 리플란스키였어요. 지금 99세로 뉴욕에 살고 있는데, 펜팔로 알게 된 친구거든요. 나오미가 사라마구의 소설 『눈먼 자들의 도시』를 읽다가 저에게 말한 거예요. "이거 굉장해요. 꼭 읽어봐요." 저야 나오미 말을 잘 들으니 그 책을 샀는데, 죽도록 무섭지 뭐예요. 도저히 읽을 수가 없었어요. 너무 끔찍한 데다 문단 나누기도 없고 구두점도 거의 없어서 읽기도 너무 어렵고요. 마치 일부러 읽는 속도를 늦추려고 그렇게 쓴 것 같았어요. 전 후퇴했지만, 그래도 이 책에 뭔가가 있다는 건 느낄 수 있었죠. 그래서 사라마구의 다른 책을 더 사 와서 작품 세계를 공부했어요. 이 모두가 지난 10년인가, 15년 사이에 벌어진 일이에요. 제 인생에서는 아주 늦은 시기죠. 사라마구는 저보다 그렇게 많이 앞선 세대가 아니에요. 아마 열 살쯤 많을 거예요. 그런데 아주 늦은 시기에 소설을 쓰기 시작했고, 칠십대에도 팔십대에도 계속 소설을 쓰고 있었어요. 감탄스러울 뿐 아니라 저에게도 좋은 소식이었죠. 멈추지 않아도 된다는 뜻이잖아요. 그래서 전 사라마구에게 많은 투자를 했고, 그만한 성과가 있었어요. 사라마구가 쉬운 작가는 아니죠. 특이한 구두점 사용과 문단 나누기 때문에도 그렇고요. 그냥 받아들여야 해요. 전 아직도 왜 그렇게 쓰는지 다 이해하지 못하겠지만, 그래도 그 정도로 뛰어난 예술가라면 자신만의 이유가 있겠죠. 사라마구는 대단히 좌측에 있는 마르크스주의자, 그러니까 당에 충성하는 마르크스주의자라기보다는 사회주의자이며, 언제나 고국 포르투갈의 독재 정부에 맞서고, 언제나 포르투갈 가톨릭교회의 혹독한 처우에 맞서 싸웠어요. 도덕적으로 대단히 예민하고, 여성과 개를 포함한 모든 종류의 약자에게 굉장한 공감을 보여주는 남자죠. 사라마구는 내 마음을 빼앗았어요. 세상에, 노벨 위원회가 정말 멋진 일을 했어요. 노벨문학상이 아니었다면 전 사라마구에 대해 들어보지도 못했을 테니까요. 대부분의 독자가 마찬가지였겠죠. 포르투갈인이라는 건 작가로서 지옥살이에요. '소수' 언어로 글을 쓰면 알려지는 힘이 많이 들어요. 사라마구의 작품은 언제나 즉시 스페인어로 번역이 됐으니, 느리게라도 눈에 띄기는 했을지 모르지만요. 그래도 전 노벨문학상이 사라마구를 알아본 게 기쁘군요.

네이먼   이전에도 작가님의 서평에 대해 이야기 나눴는데요. 또 다른 분야의 글쓰기 수업이 되는 만큼 작가들과 작가 지망생들이 읽기에 특히 흥미로우리라 생각합니다. 이런 면에서 작가님이 쓰신 데이비드 미첼의 『뼈 시계』, 차이나 미에빌의 『엠버시타운Embassytown』, 그리고 커티스 시튼펠드의 『엘리저블Eligible』 리뷰가 특히 기억할 만하다고 생각해요. 작가님은 서평에서 솜방망이로 때리지 않는 분입니다만, 특히 SF와 판타지 작가가 아닌 사람이 장르 관습을 제대로 인정하거나 이해하지 못하면 짜증을 내시더라고요. 코맥 매카시의 『로드』와 이창래의 『만조의 바다 위에서』 리뷰가 최근에 작가님의 분노를 돋운 작품의 예시 같군요.

르 권   사실 『로드』는 리뷰하지 않았어요. 이창래의 소설을 리뷰하다가 언급했죠.

네이먼   SF와 판타지 현장 바깥에 있는 작가가 이 장르를 시도할 때 흔히 빠지는 함정이나, 작가님을 특히 짜증 나게 하는 문제로는 어떤 게 있죠?

르귄   SF를 하나도 안 읽는 거요. 그런 작가들은 SF가 뭘 할 수 있고, 뭘 다루는지 전혀 몰라요. 열심히 바퀴를 재발명하려고 드는 경향이 있죠. 그 사람들이 떠올린 아이디어라는 게 SF에서는 흔해빠졌고, 천 번은 다뤄졌으며, 온갖 문학 변주를 다 겪었는데도 SF는 문학으로 가르치지 않는 바람에 그걸 모르죠. 이렇게나 낡고 닳은 아이디어를 가져다가 내밀면서 단언을 하는 거예요. "보세요! 제가 떠올린 이 놀라운 아이디어를 보세요!"

네이먼   마거릿 애트우드의 『홍수의 해』를 리뷰하면서 그와는 반대 시나리오도 겪으셨죠. 애트우드는 작가님이 대단히 존경하는 작가이고, 또 살아 있는 SF 거장으로도 여겨집니다만, 스스로는 SF를 쓰지 않는다고 주장해요. 이런 주장 때문에 문제의 책을 리뷰하는 데 제약을 느끼셨던 것 같습니다. 이 리뷰에서 애트우드의 작품을 평가할 때 겪은 어려움을 조금 말해주실 수 있을까요?

르귄   애트우드가 자기 작품이 SF가 아니라고 하는 건, SF를 무척 좁게 정의해서예요. 애트우드가 생각하는 SF는 사실 판타지에 가까워요. 지구상에서 일어날 수 없는 일과 지구상에서 일어나지 않는 일을 다룬다는 거죠. 미안해요, 매기. 하지만 그건 SF의 정의가 아니에요. 많은 SF는 지금 지구에서 일어나는 일을 다룬답니다. 지구에서 일어나는 일을 기반으로 추론할 때도 많은데, 사실 그게 애트우드의 SF가 하는 일이죠. 지구에서 일이 돌아가는 방식, 특히 정치적인 방식을 가져다가 그걸 기반으로 추정한 미래를 그리면서 끔찍한 가정, "세상에, 이렇게 되고 말 거야"를 보여주는 거예요. 하지만 사실 그건 오래된 SF 기법이에요. 왜 자기 작품이 SF라고 불리기를 싫어하는지 모르겠어요. 어쨌든 몇 가지 이유를 상상하기가 어렵진 않죠. 분명히 출판사에서도 애트우드가 '장르 작가'라고 불릴까 봐 싫어할 테고요. 잘 팔리지도 않을 테고. 하지만 마거릿 애트우드는 그런 우둔한 이유에 영향받기에는 너무 영리하고 복잡한 사람이에요. 그런데 그게 서로를 좋아하는 작가들로서 우리가 계속 나누는 대화에 가끔 굉장한 불편을 초래하죠. 그냥, 제가 SF를 쓸 때는 그게 무엇인지 알고, 내가 SF를 쓴다는 것도 안다고만 해두겠습니다. 그리고 전 그 작품에 다른 이름이 붙게 하지 않을 거라는 말도요. 다만 그건 제가 SF를 쓰지 않을 때도 똑같아요. 제가 'SF 작가'라는 이유만으로 SF가 아닌 작품을 SF라고 불러주는 것도 원치 않아요. 이런 범주가 개인적으로 제게는 아주 많이 중요하거든요. 전 언제나 애트우드의 책을 리뷰할 때 살얼음판을 걷는 기분이에요. 하지만 언제나 흥미로운 작업이기도 하죠애트우드는 나중에 스스로가 SF를 쓴다는 점을 시인했고, 르 귄과 이 문제를 두고 주고받은 대화에 대한 에세이를 쓰기도 했다.

네이먼   작가님께서 「진지한 문학에 대하여」를 낭독하기 딱 좋은 순간이군요.

르 귄	(책장을 넘긴다) 아! (웃음) 이게 무슨 글이었는지 바로 떠올리지 못했네요! 이 글은 2007년에 루스 프랭클린이 잡지 〈슬레이트Slate〉에서 쓴 서평에 대한 반응이에요. 루스는 리뷰하는 책에 대해 이렇게 썼죠. "마이클 셰이본미국의 작가이자 칼럼니스트. 리얼리즘문학과 장르문학 양쪽에 뛰어나, 『캐벌리어와 클레이의 놀라운 모험』으로는 퓰리처상을, 『유대인 경찰연합』으로는 휴고상과 네뷸러상을 받았다. 영화 〈스파이더맨 2〉의 각본에도 참여했다은 진지한 문학 작가들이 버려둔, 얕은 무덤에서 썩어가는 장르소설의 시체를 끌고 나오려 엄청난 에너지를 소모했다." 이게 그 말에 대한 내 답변이에요.

네이먼	전 이 글이 너무 좋아요, 어슐러.

르 귄	상당히 심술궂죠?

네이먼	쓰실 때 정말 재미있었겠어요.

르 귄	그랬죠. 그랬어요. 복수는 달콤하나니!

진지한 문학에 대하여

* * *

밤중에 뭔가가 그녀를 깨웠다. 계단을 올라오는 발소리가 들렸다. 젖은 운동화를 신고 아주 천천히 계단을 오르는…… 그런데 누구지? 왜 신발이 젖었지? 비는 오지 않았는데. 저기, 다시 그 무겁고 젖은 발소리다. 하지만 몇 주 동안이나 비가 오지 않았는데, 폭염만 계속됐는데, 갑갑한 공기와 곰팡이 냄새, 아니 썩은 내인가, 아주 오래된 살라미 아니면 초록색이 되어버린 간 소시지에서 나는 것 같은 달콤한 썩은 내. 아, 또다. 삑삑 소리가 나는 느린 발걸음, 그리고 썩은 냄새가 더 강해졌다. 뭔가가 계단을 오르고 있었다. 문으로 다가오고 있었다. 썩어가는 살을 뚫고 나온 발꿈치뼈가 부딪치는 소리를 들으며 그녀는 그게 뭔지 알아차렸다. 하지만 그건 죽었는데, 죽었단 말이야! 저주받을 셰이본. 다른 진지한 작가들과 힘을 합쳐 그것의 오염된 손길에서 진지한 문학을 구하기 위해 묻어놓았더니 그걸 무덤에서 끌고 나왔어. 그 텅 빈 데다 뾰루지투성이인 얼굴, 썩어가는 눈동자의 무감각하고 무의미한 눈길이 얼마나 무서운지! 셰이본 그 바보는 뭘 한다고 생각한 거야? 진지한 작가들과 진지한 비평의 끝없는 의식들에 관심도 안 둔 거야? 공식적인 추방 의식들에 반복된 저주, 심장을 관통하고 또 관통한 말뚝들, 신랄한 비웃음, 무덤 위에서 끝도 없이 춘 엄숙한 춤들에 하나도 관심을 안 됐어? 그 작자는 야도^{Yaddo, 뉴욕의 예술가 커뮤니티}의 순결을 보존하고 싶지 않았던 거야? 사이파이와 반리얼리즘 소설을 구별하는 게 얼마나 중요한지 이해도 못 한 거야? 코맥 매카시는, 비록 터무니없이 애매한 어휘를 훌륭하게 사용해대는 걸 빼면, 그의 책에 있는 모든 것이 홀로코스트 이후에 나라를 가로지르는 사람들을 다룬 많고 많은 초기 SF 작품들과 놀랍도록 흡사하긴 하지만, 그렇다 해도 결코 어떤 상황에서도 사이파이 작가라곤 할 수 없다는 걸, 코맥 매카시는 진지한 작가고 그러니까 정의상 장르를 쓴다는 품위 떨어지는 일을 할 수가 없다는 걸 이해하지 못한단 말이야? 셰이본은 어떤 미친 멍청이들이 퓰리처상을 줬다는 이유만으로 '주류'라는 말의 성스러운 가치를 잊어버렸단 말이야? 아니다, 그녀는 삑삑 젖은 발소리를 내며 침실까지 들어와서 이제는 그녀를 굽어보는 그 물건을 쳐다보지 않을 것이다. 로켓 연료와 크립토나이트^{슈퍼맨의 고향 크립톤에서 온 물질로, 슈퍼맨의 힘을 약화한다}의 악취가 풍기고, 세찬 바람 속 황야의 낡은 저택처럼 삐걱거리며, 뇌는 과일처럼 속에서부터 썩어가고, 두 귀에서 작은 회색

세포들을 뚝뚝 흘리는 그 물건을. 하지만 그녀의 주목을 요구하는 그 물건의 힘은 강력하고, 그 물건이 손을 뻗자 그녀는 반쯤 썩은 손가락 하나에 낀 타는 듯한 금반지를 보았다. 그녀는 신음했다. 어떻게 그 물건을 그렇게 얕은 무덤에 묻고는, 버려두고 그냥 걸어올 수가 있었을까? "더 깊이 파요, 더 깊이 파!" 그렇게 외쳤건만, 그자들은 그녀의 말을 듣지 않았다. 그래서 이제 그자들은 어디 있단 말인가? 그녀에게 꼭 필요한 다른 진지한 작가와 평론가들은 지금 어디 있나? 그녀의 『율리시스』 책은 어디 있을까? 침대 옆 협탁 위에는 독서등을 받치는 데 쓴 필립 로스 소설책 한 권밖에 없었다. 그녀는 그 얇은 책을 들어 끔찍한 골렘_{히브리 신화에서 사람의 형상을 하고 움직이는 존재. 현대 판타지에서는 종종 마법의 힘으로 움직이는 흙 인형이나 괴물을 가리킨다} 앞으로 들어 올렸다. 그러나 그걸로는 부족했다. 필립 로스도 그녀를 구할 순 없었다. 괴물이 비늘 덮인 손을 그녀에게 얹자 반지가 타는 석탄처럼 그녀를 지졌다. 장르가 그녀의 얼굴에 시체의 입김을 불어넣자 그녀는 지고 말았다. 그녀는 더럽혀졌다. 죽는 편이 나을지 몰랐다. 그녀는 이제 결코 문예지 집필 의뢰를 받지 못할 것이다.

계속 이어지는 대화

이 책은 내가 딱 열 번째로 번역해서 내는 어슐러 크로버 르 귄의 저작물이다.

2003년에 처음으로 낸 번역서가 소설 『빼앗긴 자들』이었고, 그 후로는 『로캐넌의 세계』 『유배 행성』 『환영의 도시』를, 이어 '서부해안 연대기' 세 권인 『기프트』 『보이스』 『파워』를 한국어로 옮겼다. 장르문학 잡지 〈판타스틱〉에 단편소설 「기의 여행자들」 번역을 싣기도 했다. 에세이집 『찾을 수 있다면 어떻게든 읽을 겁니다』와 『세상 끝에서 춤추다』 역시 빼놓을 수 없다.

나에게 번역은 가장 깊고 능동적인 독서이며, 한 권의 책을 번역하면 그 책이 나를 관통하면서 변화시킨다. 그러니 지난 20년간 번역한 르 귄의 책 열 권은 분명히 지금의 나에게 떼어낼 수 없이 얽혀 있을 것이다. 아나키즘만 해도 『빼앗긴 자들』 때문에 공부했다. 그런가 하면 르 귄의 저작에 많은 영향을 미친 인류학은 내 전공 학문이기도 했고, 그가 평생에 걸쳐 이해하고자 했던 도교와 불교사상에도 원래부터 관심이 있었다. 어쩌면 이 작가에게 공감하는 면이 많고 그런 점에서 그의 작품을 사랑했기에 많이 번역하게 되었는지도 모르지만, 되돌아보면 닭이 먼저인지 달걀이 먼저인지 잘 알 수가 없다.

이렇듯 내 쪽에서 받은 영향은 크지만, 르 귄 쪽에서 보면 어땠을까. 우리에게 대단한 친분이 있었다고 말할 수는 없지만, 잘 모르는 나라의 번역가 정도로 기억은 해주셨을 것 같다.

원작자와 연락이 닿더라도 사무적인 질문과 답만 주고받고 마는 나에게 르 귄은 조금 예외적인 작가였다. 몇 권을 번역한 후에야 뒤늦게 용기를 내어 편지를 보냈던 게 벌써 15년 전의 일이다. 당시에 르 귄은 온라인 활동이란 것을 전혀 하지 않았다. 이 책에는 온라인 워크숍으로 신인 작가들과 교류하는 이야기도 나오지만, 르 귄이 이런 적극적 온라인 활동을 한 것은 정말로 만년의 일, 팔십대의 나이에 이루어진 일이었다. 블로그만 해도 그보다 10년쯤 연상인 사라마구의 예를 보고 시도하게 되었다고 한다. 내가 연락하려고 했을 당시 르 귄의 홈페이지는 다른 사람이 관리했으며, 이메일도 쓰지 않는다고 알려져 있었다. 다만 사서함 주소는 하나 있었고, 봉투에 주소와 우표를 넣어서 그리로 보내면 답장으로 아름다운 사인 스티커를 보내줬다. 나는 그 주소로 편지를 한 통 보내면서 내가 당신 책을 번역한다고 적었다.

그리고 놀랍게도, 답장이 왔다. 나는 아름다운 한지 편지지를 고르긴 했어도 내용은 인쇄해서 보냈건만, 르 귄의 답장은 친필이었다. 작품이 주는 인상 그대로 정중하고 친절한 편지였다. 말미에는 물어볼 게 있으면 연락해도 좋다고 개인 이메일 주소가 하나 적혀 있었다.

본격적으로 이메일이 오간 것은 2008년이었다. 그 무렵에 나는 잡지

〈판타스틱〉에 실릴 르 귄의 인터뷰를 진행했고, 또한 '서부해안 연대기' 시리즈(『기프트』『보이스』『파워』)를 번역하는 과정에서 이것저것 더 질문해 보충한 인터뷰를 시리즈 합본 『서부 해안 연대기』에 부록으로 실었다. 그러나 그 후에는 편지가 뜸해졌다. 지금 돌이키면 쓴웃음이 나오지만, 나는 뭔가 용건이 있어야 했고, 아무 일 없이 편지를 보낼 수 있는 사람이 아니었다. 그 후에는 선물을 두어 번 보냈던가. 한지 부채를 한번 보냈고 '책상 앞에 걸어두었다'는 상냥한 답을 받은 기억이 난다.

마지막 이메일이 오간 것은 2010년 1월이었다. 당시에 나는 혹시 당신을 초청할 기관이 있다면 한국에 올 생각이 있냐고 물었고, 그는 '이제 더는 해외로 여행하지 않는다'고 답했다. 당시 연세를 고려했을 때 수긍할 수밖에 없었다. 다시 몇 년 뒤, 팁트리 주니어의 책을 번역한 김에 혹시 두 작가의 인연에 대해 한마디 해줄 수 있을까 은근히 찔러보려 했으나, 그 무렵에는 이미 르 귄이 직접 이메일을 확인하지 않고 있었다.

그리고 몇 년 후의 어느 날, 뉴스에 부고가 떴다.

다시는 만날 기회가 없어진 지금은 가끔 생각한다. 무리해서 미국까지 만나러 갔어도 실망할 일은 없었을 텐데, 하고. 만나러 가지는 않더라도 좀 더 연락해도 괜찮았을 거라고. 귀찮아할까 신경 쓰지 말고 이것저것 더 물어볼 걸 그랬다고. 아쉬움을 느낀다.

그리고 지금으로 돌아와서, 작가 인생의 마지막에 데이비드 네이먼과 주고받은 이 대화를 번역하다 보니 오래전에 부친 편지의 답장이 아주 늦게 도착한 것 같은 기분을 맛볼 수 있었다. 인터뷰 전체가 글쓰기에 집중하고는 있지만, 짧은 답변에서도 켜켜이 묵은 고목 같은 작가의 삶 전체가 배어나기 때문이었다. 그러다 보니 어떤 대목을 번역하다가는 예전에 내가 했던 질문의 답을 떠올리고 속으로 '아, 이제 그게 무슨 말이었는지 더 잘 이해하겠어요' 하고 중얼거리기도 했다. 르 귄이 종종 과거의 어떤 일에 대해 가볍게 언급하고 넘어갈 때는 '1980년대에 쓰신 에세이와 비교하니 세월과 함께 모든 게 정리된 느낌이 드는군요' 싶었다. 이 책은 나에게 그런 작업이었다.

사람은 없어져도 책과 글은 남아 있기에, 나는 남아 있는 말들을 되짚으면서 혼자만의 대화를 이어 나간 셈이다. 르 귄의 우주와는 달리 앤서블^{르 귄이 고안한 초광속 통신 개념으로, 우주 어디에서나 동시 소통이 가능한 기술. 이후 SF계에서 두루 사용하는 설정이다} 없이, 시차를 두고 띄엄띄엄.

그런 의미에서 이 책, 『어슐러 K. 르 귄의 말』을 옮기면서 지금 르 귄에게 하고 싶어진 말들, 그리고 독자에게 더하고 싶은 말들을 여기에 덧붙여본다. 아래의 글에서 인용한 르 귄의 말은 모두 직접 받았던 답변이다.

소설에 대하여

어쩌다가 소설을 쓰게 되었으며 어떻게 집필하느냐는 정말이지 작가에게 식상한 질문일 테지만, 인터뷰를 하는 입장에서는 묻지 않을 수 없는 질문이기도 하다. 때문에 나도 인터뷰할 때 그것부터 물었다. 당시 르 귄은 나에게 "귀를 기울인다"고 대답했다. 이야기가 스스로 만들어져 표현하기 시작하는 소리가 들리면 거기에 더 열심히 귀를 기울이고, 그 이야기에 대해 많이 생각한 뒤에 글을 써 내려간다고. 데이비드 네이먼의 "작가님은 소리의 중요성에 대해 자주 말씀하셨"다는 말은 정확히 이 답변과 이어진다. 안에서 울리는 목소리에 귀를 기울이고, 그 목소리가 이끄는 대로 글을 쓴다고 하기도 했지만, 동시에 그는 낭독의 중요성에 대해서도 열렬하게 말해왔다. 모든 문학은 한때 목소리를 통한 구전으로 전해졌으며, 소리와 음악을 뺀 문학 쪽이 이상한 것인지도 모른다고 말이다. 이어지는 네이먼의 "리듬 사용에 대한 아마도 최고의 예시로 버지니아 울프를 언급하기도 하셨죠"라는 대목도 같은 맥락에서 이해하면 좋을 것이다. 르 귄은 다양한 글에서 버지니아 울프를 언급하는데, 특히 울프의 작품을 소리 내어 읽어보면 전혀 다르게 다가온다고도 했다. 번역으로 음악과 리듬까지 옮길 수 있다면 얼마나 좋을까 생각하게 되는 순간이다.

더불어 그는 공간의 중요성에 대해서도 말했는데, 세상의 소리를 제쳐두고 몇 시간씩 앉아서 이야기에 귀를 기울일 공간이 필요하다는 내용이었다고 기억한다. 다른 생활의 소리 없이 귀를 기울일 공간이 필요하다는 답변에서는 새삼 버지니아 울프의 『자기만의 방』이 떠오르지 않는지. 주부이자 어머니이면서 작가로서 집필 시간과 공간을 확보하는 문제에 대해서 작가의 생각을 더 깊게 읽어보고 싶다면 『세상 끝에서 춤추다』에 수록된 에세이 「여자 어부의 딸」을 추천한다.

성별을 알려주는 영어의 3인칭 대명사 he 그리고 she에 대한 고민은 이 책에서도 여러 번 나오는데, 이미 작가의 입장이 명쾌하게 정리된 후라 그런지 중요하게 다루면서도 스치듯이 산뜻하게 언급한다. 『어둠의 왼손』 출간 이후 오래도록 이어진 수많은 논쟁과 작가 스스로의 입장의 변화를 알고 나서 보면 이 대목이 더욱 재미있고도 새삼스럽다.

간단히 부연 설명을 하면, 르 귄은 1969년 발표한 『어둠의 왼손』에서 성별이 없는 게센인 에스트라벤을 지칭할 때 he라는 대명사를 썼다는 점 때문에 비판을 많이 받았다. 그 비판 자체는 물론 정당하며, 집중포화를 받은 것도 그만큼 큰 반향을 일으킨 작품이었기 때문이다. 그러나 작가는 한 명이고 비판하는 사람은 너무 많을 때 그 지적은 상당히 피곤한 것이기도 했을 테다. 다행히도 시절이 옛날이라서 요새 SNS에서 보이는 동시다발적인 공격과는 달랐다 해도 말이다. 르 귄도 처음에는 비판에 강하게 반발하고 반박하는 모습을 보였다가, 오랜 시간에 걸쳐 깊이 생각하고 천천히 생각을 바꿔나갔다. 이 문제에 대해 자세히 알고 싶은 분에게는 르 귄의 대표적인 에세이인 「젠더(성별)가 필요한가? 다시 쓰기」(『세상 끝에서 춤추다』에 수록)를 추천한다(르 귄은 원래 「젠더는 필요한가?」(『밤의 언어』에 수록)라는 반박 글을 썼다가, 몇 년 후에 바뀐 생각으로 첨삭해서 다시 내놓았다).

내 경우에는 그것이 당시 작가의 한계였다면 한계는 누구에게나 있다는 점에서 장점을 더 보는 것이 옳다고 생각하는 편이다. 그리고 무엇보다도 그 이후에 변화할 수 있었다는 점이 훨씬 더 대단하다고 여기고 존경하고 있다. 정말이다. 나이가 들면서 변할 수 있는 사람은 세상에 많지 않다. 덧붙여, 『어둠의 왼손』의 아름다움은 성별이 없는 사람들이 산다는 설정에만 있지 않다. 『빼앗긴 자들』을 오직 '아나키스트 행성이라는 아이디어'로 요약하는 것이 부당한 만큼이나, 『어둠의 왼손』도 '발정기에만 성별이 생기는 사람들'만으로 요약할 수는 없는 소설이다. 아이디어만 있었다면 이 두 작품이 지금까지 명작으로 꼽히지도 않을 것이다. 시대를 앞선 아이디어는 분명 높은 평가를 받을 만하지만, 그것만 있는 작품은 후대에 읽을 때 끔찍하게 재미없는 경우가 꽤 있지 않은가.

한편으로는 아쉬운 마음도 든다. 이 책에서 3인칭 대명사를 성별 무관하게 쓸 수 있는 언어로 핀란드어와 일본어를 언급하신 모습을 보았을 때, 10년 전으로 돌아가 일본어는 제한적이고 한국어야말로 성별을 알리지 않는 글쓰기가 가능하다고 알려주고 싶은 마음이 샘솟는다. 한국어 소설에서는 그나 그녀 대신 이름을 불러 3인칭 대명사를 아예 쓰지 않는 것도 가능한데, 그 당시 대화에서 나는 왜 그런 이야기를 할 생각을 못 했을까.

『어둠의 왼손』에 대한 비판은 오랜 기간 페미니스트로서의 르 귄이 갖는 한계에 대한 지적으로도 이어져왔다. 어떤 사람들에게 그의 행보는 '지나치게 온건'하고 '보수적'이었기 때문인데, 한편으로는 르 귄이 스스로의 한계를 인정했기에 더 많이 언급되는 것 같기도 하다. 여성으로서의 글쓰기를 인생 중반기에야 해냈고, 그전까지는 남성을 중심에 둔 남성으로서의 글쓰기에 가까웠다고 직접 토로했기 때문이다.

이 문제, '여성의 목소리로 글을 쓰는 데 오래 걸렸다'는 말에 대해서 직접 물어본 적이 있다. 지금 다시 그 인터뷰를 꺼내어본다. 부연하자면 당시에는 'woman'이라는 표현을 그저 '여성'으로 번역했지만, 이 맥락에서는 '성숙한 여성'이 정확할 것이다. 여성의 목소리 전체가 어려웠다는 의미가 아니다. 다시 번역한 인터뷰는 아래와 같다.

내가 여성으로서 글 쓰는 방법을 익히는 데엔 오랜 시간이 걸렸어요. 성인 여성으로서 나의 직관을 이용해서 글을 쓰는 건요. 하지만 소녀의 목소리나, 아주 젊은 여성의 목소리로 쓰기는 그렇게 어렵지 않았죠. 그리고 물론 남성의 목소리로 쓰기는 언제나 아주 쉬웠어요! 이상한 일이지요…….

—『서부 해안 연대기』인터뷰 중에서

하지만 이상한 일이 아닌지도 모른다. 페미니즘 비평에서 이미 여러 번 지적된 문제지만, 어린 소녀가 주인공인 모험담이 많아진 이후에도, 성인 여성이 주인공이 되면 활기찬 모험 이야기가 갑자기 사라지는 경향이 스토리의 세계 전반에서 나타난다. 꽤 오랫동안 그랬고, 아직도 조금은 그렇다. 지금까지도 소녀 주인공들은 용감무쌍하건만, 성인이 된 여자 주인공들은 억울하거나 벽에 부딪치거나 어딘가로 회귀한다. 마치 성인이 되면 그런 세계에서 벗어나야 한다는 듯이(이 문제를 다룬 글을 읽고 싶다면 지아 톨렌티노의 『트릭 미러』에 수록된 에세이 「순수한 여자 주인공들」을 추천한다). 그런 의미에서 르 귄 스스로도 이상하다고 여긴 이 문제, 즉 소녀의 모험담은 쓰기 쉬운데, 성인 여자로 쓰면 다른 이야기가 나오는 경향은 작가 개인보다는 사회문화적인 현상의 일부로 보아야 할 것이다. 아니, 혹시나 오해하실 분들을 위해 한 번 더 적자면 모두가 그렇다는 뜻은 아니다. 특히 지금은 새로운 시도가 계속 쏟아져 나오고 있다. 그럼에도 아직 생각해볼 만한 문제이기는 할 것이다.

개인적으로는 르 귄이 성인 여성의 목소리로 글쓰기를 힘들어했던 것이 그가 에세이 쓰기를 특히 힘들어했던 것과도 관련이 있지 않을까 생각하기도 한다. 배우 중에는 가끔 실제 자신과 가까운 배역을 힘들어하는 경우가 있던데, 이것도 어쩌면 그런 경우일 수 있지 않을까? 유감스럽게도 지금 현실에서는 사회적인 억압이 없었을 때의 나, 즉 '원래의 나'가 어떤 사람인지를 자신 있게 말하기가 힘들지만 말이다. 그래도 지금 편지를 보낼 수 있다면 혹시 선생님도 그저 스스로와 너무 가까운 인물로 글을 쓰기는 힘든 게 아닐까요, 말해보고 싶다.

아, 끊임없이 스스로를 의심하고 뒤집어보며 성찰해야 하는 여성 작가들의 지난함이여.

그러나 여전히 그가 페미니스트로서 계속 발언을 해왔고, 그것도 날카롭게 발언했다는 사실이 달라지지는 않는다. 아직도 많은 사람에게 그의 말들이 유효하다는 것만은 자신 있게 말할 수 있다.

시에 대하여

르 귄의 시는 나와 거리가 멀다. 이전에 번역한 두 권의 에세이집에도, 이번 책에도 그의 시가 몇 편 실려 있기에 옮기기는 했지만, 시 번역에 대해서는 언제나 두려움이 있었다. 그러나 이 인터뷰에서 르 귄이 시를 어떻게 읽고 혼자 번역하는지에 대한 대목을 보고 새삼 떠올린 것이 있다. 르 귄이 도덕경을 번역했다는 사실이 신기해서 질문을 한 적이 있는데, 그는 이렇게 답했다.

중국어를 전혀 모르면서 도덕경 영어판을 만든 건 너무나 주제넘은 짓이었죠! 애정 때문에 한 일이었고, 순전히 나의 즐거움과 배움을 위해서 시작하고 계속한 일이었어요. 게다가 J. P. 시튼노스캐롤라이나대학의 중국 및 아시아 연구 명예교수이며, 중국 고전 시의 번역가로 잘 알려져 있다의 격려와 학문적 조언도 있었고요. 시튼 없이는 절대로 출판할 엄두도 내지 않았을 거예요.

— 르 귄과 주고받은 이메일 중에서

독일어가 되었든, 스페인어가 되었든, 다른 모르는 언어라 해도 사전을 꺼내놓고 하나하나 단어를 찾으면서 시를 해석함으로써 깊이 읽는다는 답을 보니, 그의 번역도 내가 번역을 시작한 계기와 다르지 않았다. 그 생각을 하면 나의 두려움도 조금은 떨쳐진다.

몇 년이 더 지나서 이제는 카메라만 들이대도 자동번역이 어느 정도 가능해졌다는 사실에 대해 과연 그는 어떻게 생각할까. 그렇게 의미를 이해할 수 있다면 편하지만, 그것이 그 문학을 읽는 방법은 아니라고 할까.

논픽션에 대하여

데이비드 네이먼도 여러 차례 말하지만, 르 귄은 사회문제에 적극적으로 목소리를 내는 작가였다. 언제나 온화하고 정제된 사람이었지만, 싸움을 피한 적도 없다. 만년에는 더욱 그랬다. 나는 그 지점에서 작가의 소설에서 받은 기쁨 못지않게 큰 위안을 받은 경험이 있다.

소설 『보이스』를 한창 번역하던 2008년 8월 7일에, 소설에 나온 상상 속의 게임에 대해 질문하다 말고 갑자기 감정을 토로한 적이 있다. 『보이스』 14장을 옮기던 나는 군중들과 병사들 사이에 시민들이 줄지어 서서 평화를 지키려 하는 장면에서 울컥하고 말았다. 너무나 희망이 가득한 장면이면서 동시에 슬픔을 느낄 수밖에 없는 장면이었기 때문이다. 당시 시위가 한창이었을 때라서 그랬겠지만, 그 대목에 대해 감정을 토로했을 때 나는 나이 많은 작가에게 어리광을 부린 셈이었다.

그리고 르 귄은, 내 편지를 받고 울었다고 답장했다. 스스로도 그런 비폭력 시위에 정말 오랫동안 참여했다고, 특히 베트남전과 흑인 인권을 위한 시위, 이라크전 반대 시위를 거론하면서 시위자들의 인내심과

유머 감각을 많이 보았고 동시에 권력을 대표하는 자들이 그런 노력을 이해하려 하지 않고 보여준 공포에 대해서 썼다. 그리고 그런 시위가 끝없이 계속되어야 한다는 사실이 마음을 엔다고 답했다.

우리가 같은 시위를 경험했다고는 할 수 없고, 완전히 서로를 이해했다고 장담할 수도 없다. 그러나 나는 그 답장에서 큰 위안을 받았다.

더 오래 마음에 남는 편지는 나중에 있었다.

2008년 12월, 소설에 대한 질문을 하다가 문득 생각이 나서 오바마 당선을 축하하는 말을 한 줄 썼다. 1970년대에도 대작 판타지였던 '어스시' 시리즈의 남자 주인공을 흑인으로 못 박았던 작가인 만큼, 분명히 기뻐하고 있으리라 생각했기 때문이다(판타지 시리즈에서 흑인이 주인공으로 나온 지는 그리 오래되지 않았다. 그리고 유감스럽게도 '어스시' 시리즈의 영상화 버전은 언제나 작가를 배신하고 백인 주인공을 캐스팅했다).

아무튼 나는 그저 축하했다고 기억하고 있었는데, 지금 당시 편지를 확인해보니 그게 아니라 축하하고 나서 '솔직히 부럽다. 우리 대통령은 완전 악몽이다'라고 한 줄을 덧붙여 놓았더라. 심지어 우리 president^{대통령}는 별명이 presi-ro-dent^{쥐통령, rodent는 한국어로 설치류라는 뜻이다}라는 말까지 써가면서. 하하. 부끄럽게도 그랬다.

당시 르 귄의 답장 앞부분은 이렇게 시작한다.

여기에서는 당신의 나라에 대해 쓸 만한 소식을 얻기가 무척 힘들어요. 우리 신문은 외국 뉴스를 거의 싣지 않고, 아시아는 중국과 일본만 '존재'하죠. 한국에서도 (이전의 우리처럼) presirodent를 뽑았다니 유감스럽네요!

—르 귄과 주고받은 이메일 중에서

지금 같으면 미국에도 한국 뉴스가 실시간으로 전해질 텐데 말이다! 그리고 다음 내용은 두고두고 기억에 남는다.

내 평생 프랭클린 루스벨트 이후로는 정말로 대통령을 자랑스러워하는 게 가능했던 적이 없는데, 그건 내가 어렸을 때 일이죠. 이번 대통령은 자랑스러울 것 같아요. 확실히, 정말 기쁘네요.

—르 귄과 주고받은 이메일 중에서

이 답을 받았을 때 나는 일단 프랭클린 루스벨트라는 이름에서 잠시 머리가 멍해졌고, 검색을 해보아야 했다. 프랭클린 루스벨트의 재임 기간은 1933년부터 1945년. 갑자기 아득해지면서, 갑자기 그 순간에 르 귄과 내가 같은 시간 속에 존재한다는 것이 대단한 우연이라는 생각이 들었다. 매번 작가 약력에서 1929년생이라는 숫자를 보았으면서도, 우리의 시간이 이 정도로 차이가 난다는 사실을 그때만큼 실감한 적은 없었다. 덕분에 내 마음속의 유교인이 깨어나서, 평생 그를 '어슐러'라고 부르기는 불가능해져버렸고!

그 생각을 한 다음에는 1945년 이후 몇 년이 지나갔는지, 미국은 4년에 한 번 대통령을 뽑으니 그는 대체 몇 번의 선거를 했을지를 생각했다. 그에 비하면 나는 이제까지 대통령 선거를 몇 번 하지도 않은 셈이었다. 70년 동안 자랑스러웠던 대통령이 단 두 명. 누군가는 절망적인 이야기라고 할지 모르지만, 나는 그 후로 몇 번이나 이 말을 떠올리며 위안을 받았는지 모른다. 시간의 힘, 오랜 시간을 잘 버텨낸 어른의 힘이란 이런 것일지도 모르겠다.

그다음 이야기는 아시다시피, 정해진 수순이었다. 이미 80세였던 그는 점차 활동을 줄였다. 여전히 일을 했고 작품을 냈지만 소설로서는 작업 당시에 즐겁게 이야기하던 『라비니아』가 마지막이었다. 부족한 에너지를 더 중요한 일에 집중했으리라 생각한다. 후에 유고집으로 엮어 나오게 된 『남겨둘 시간이 없답니다』에 수록된 글들을 썼고, 마지막에는 이 책에 담긴 긴 인터뷰가 있었다.

어쩐지 다시 한번 애도하는 기분이 들지만, 다른 한편으로는 여전히 어슐러 K. 르 귄이 살아 있는 것처럼 느낀다. 어떤 면에서는 여전히 살아 있기도 하다. 글을 통해 여전히 우리와 대화하고 있으니.

부디 독자들에게도 이 인터뷰가 좋은 대화가 되기를 빌며, 만약 이 글로 처음 작가를 접했다면 그의 아름다운 소설도 찾아주시면 좋겠다.

2022년 겨울

이수현

1929   10월 21일, 캘리포니아대학교 버클리캠퍼스에서 인류학자 앨프리드 루이스 크로버와 심리학과 인류학을 공부한 작가 시어도라 크로버 사이에서 태어난다. 르 귄의 부모는 백인 식민주의자들의 희생자인 야히 부족의 마지막 생존자 '이시'를 돌보았으며, 특히 어머니 시어도라는 이시에 관한 전기를 쓴 것으로 잘 알려져 있다. 르 귄에게는 총 세 명의 오빠(칼, 시어도어, 클리프턴)가 있었으며, 어려서부터 책을 많이 접했고 SF와 판타지 소설도 자주 읽었다. 이 가족에게는 유명한 학자들이 자주 찾아왔는데, 르 귄은 그중 이론물리학자 로버트 오펜하이머를 이후 『빼앗긴 자들』의 주인공 물리학자 쉐백의 모델로 삼는다.

1940   잡지 〈애스타운딩 사이언스 픽션Astounding Science Fiction〉에 처음으로 소설을 투고하지만 거절당한다. 이후 10년 동안 그 어떤 소설도 투고하지 않는다.

1951   하버드대학교 래드클리프컬리지에서 프랑스와 이탈리아 르네상스 문학 학사학위를 받는다.

1952   컬럼비아대학교에서 프랑스어 석사학위를 받는다.

1953   풀브라이트Fulbright 장학금을 받아 프랑스에서 약 2년간 공부한다. 역사학자 찰스 A. 르 귄과 12월 결혼한다.

1957   딸 엘리자베스가 태어난다. 이때까지 르 귄은 프랑스어를 가르치거나
        비서로 일한다.

1959   딸 캐럴라인이 태어난다. 오리건의 포틀랜드로 옮겨 와 살기 시작하
        며, 남편 찰스가 포틀랜드주립대학교의 역사 강사가 된다. 시 「몬태나
        지방의 민요Folksong from the Montayna Province」를 발표한다. 이는 르
        귄의 첫 번째 발표작이다.

1961   소설로서는 첫 번째 발표작인 「음악으로An die Musik」를 발표한다.

1962   시간 여행을 다룬 로맨틱한 소설 「파리의 4월」을 잡지 〈판타스틱 사
        이언스 픽션Fantastic Science Fiction〉에 발표하며(이후 소설집 『바람의 열
        두 방향』에 수록) 본격적인 작가의 길을 걷기 시작한다.

1964   헤인 우주 세계관을 소개하는 소설 「안기아르의 지참금The Dowry of
        Angyar」를 잡지 〈어메이징 스토리Amazing Stories〉에 발표하고(이는 후
        에 『로캐넌의 세계』의 서문으로, 『바람의 열두 방향』의 첫 이야기로 다시 출간
        된다. 전자에서는 「목걸이」, 후자에서는 「샘레이의 목걸이」라는 각각 다른 제
        목을 가진다), 더불어 어스시 세계관을 소개하는 소설 「이름의 법칙」
        「해제의 주문」을 잡지 〈판타스틱Fantastic〉에 발표한다(이후 『바람의 열
        두 방향』에 수록). 아들 시어도어가 태어난다.

1966 '헤인 우주' 시리즈 중 『로캐넌의 세계』와 『유배 행성』을 출간한다.

1967 『환영의 도시』('헤인 우주' 시리즈)를 출간한다.

1968 '어스시' 시리즈 중 『어스시의 마법사』를 출간한다. 잡지 〈플레이보이 Playboy〉의 요청으로 소설 「아홉 생명」을 이니셜(U. K. Le Guin)로 발표 한다. 이후 르 귄은 이에 관해, '여성 작가로서 처음이자 마지막으로 경험한 출판계의 편견이었다고당시까지는 SF계에서 여성 작가임을 숨기기 위해 이니셜만 쓰는 경우가 많았다 고백한다. 작품은 이후 『바람의 열두 방 향』에 수록돼 풀 네임으로 다시 출간된다.

1969 고정된 성 개념이 없는 행성을 무대로 한 『어둠의 왼손』('헤인 우주' 시 리즈)을 출간한다. 이 소설은 젠더와 섹슈얼리티에 대한 탐구 면에서 큰 파장을 일으켰고, 이 책으로 르 귄은 네뷸러상Nebula Award(1969) 과 휴고상Hugo Award(1970) 모두에서 최우수 장편 부문을 수상한다.

1970 『아투안의 무덤』('어스시' 시리즈)을 출간한다.

1971 3월부터 5월까지 잡지 〈어메이징 스토리〉에 소설 「하늘의 물레」를 연 재한다.

1972 죽음에 대한 탐험을 다룬 『머나먼 바닷가』('어스시' 시리즈)를 출간한다. 「하늘의 물레」로 로커스상Locus Award 장편 부문을 수상한다. 앤 솔러지 『다시, 위험한 전망들Again, Dangerous Visions』에 「세상을 가리키는 말은 숲」을 발표한다. 이 소설에는 르 귄의 베트남전쟁에 대한 분노와 식민주의, 군국주의라는 주제에 대한 탐구가 담겨 있다.

1973 『머나먼 바닷가』로 전미도서상National Book Awards 어린이책 부문을 수상한다. 「세상을 가리키는 말은 숲」으로 휴고상(최우수 중편 부문)을 받는다. 철학적 소설 「오멜라스를 떠나는 사람들」을 발표한다(이후 『바람의 열두 방향』에 수록).

1974 「오멜라스를 떠나는 사람들」로 휴고상(최우수 초단편 부문)을 받는다. 8월, 단편 「혁명 전날」을 잡지 〈갤럭시 사이언스 픽션Galaxy Science Fiction〉에 발표하고(이후 『바람의 열두 방향』에 수록), 네뷸러상(최우수 초단편 부문)을 수상한다. 아나키즘과 유토피아주의를 연구한 『빼앗긴 자들』('헤인 우주' 시리즈)을 출간한다. 이 소설로 르 귄은 네뷸러상(1974, 최우수 장편 부문)과 휴고상(1975, 최우수 장편 부문)을 받으며, 한 소설로 두 개의 상(네뷸러상, 휴고상)을 두 번 받은 첫 번째 수상자가 된다.

1975 소설집 『바람의 열두 방향』과 시집 『야생 천사들Wild Angels』을 출간

한다. 「혁명 전날」로 주피터상Jupiter Award과 로커스상의 초단편 부문을 수상한다. 『빼앗긴 자들』로 로커스상(장편 부문)을 받는다.

1976   『세상을 가리키는 말은 숲』('헤인 우주' 시리즈)을 출간한다. 리얼리즘 청소년 소설 「열일곱, 외로움을 견디는 나이」를 발표한다. 『바람의 열두 방향』으로 로커스상(소설집 부문)을 받는다.

1979   소설 『말라프레나Malafrena』와 시집 『세상에서 가장 아름다운 거미줄』을 출간한다. 첫 에세이집이자 장르문학에 관해 쓴 『밤의 언어』를 출간한다. 「하늘의 물레」가 WNET에 의해 영화로 나온다. 세계 SF 협회에 의해 '간달프 그랜드마스터'로 선정된다.

1980   청소년 소설 『시작의 장소The Beginning Place』를 출간한다.

1983   소설 「왜가리의 눈The Eye of the Heron」이 앤솔러지 『밀레니얼 우먼 Millennial Women』(참여한 작가 모두 여성이며, 작품의 주인공 또한 여성이다)에 묶여 출판된다. 후에 르 귄은 이 소설이 진정으로 여성을 중심으로 한 그의 첫 번째 작품이었다고 평한다.

1985   실험적 소설 「언제나 집으로 돌아와Always Coming Home」를 발표한다.

1988   1999년까지 어린이책 '날개 달린 고양이들' 시리즈를 쓴다.

1989   1970년대 후반부터 1980년대 전반에 걸쳐 발표했던 강연용 원고, 에세이, 서평을 엮은 『세상 끝에서 춤추다』를 출간한다. 'SF와 판타지 문학 장학금에 대한 평생의 공헌'으로 SF 연구협회에서 순례자상Pilgrim Award을 받는다.

1990   『테하누』('어스시' 시리즈)를 출간하고, 네뷸러상(1990, 최우수 장편 부문)과 로커스상(1991, 판타지 장편 부문)을 받는다.

1994   오랜 공백기를 지나 다시 '헤인 우주' 시리즈로 돌아온 소설 「쇼비 이야기」(1990)가 수록된 『내해의 어부』를 출간한다.

1995   소설 「카르히데에서 성년이 되기」를 『새로운 전설들New Legends』에 수록해 출간한다. 이는 2002년 르 귄의 소설집 『세상의 생일』에 다시 포함된다. 소설집 『용서로 가는 네 가지 길』('헤인 우주' 시리즈)을 출간한다. 세계환상문학상World Fantasy Award의 평생 공로상을 받는다.

1997   노자의 『도덕경』을 영어로 번역, 출간한다. 사춘기 시절 르 귄에게 도교는 삶의 방식을 가르쳐주었고, 그는 이후 도교 및 불교에 깊은 관심을 나타낸다.

1998 작법서 『글쓰기의 항해술』을 출간한다.

1999 노예사회 속 자유와 반란을 다룬 소설 「옛음악과 여자 노예들」을 선집 『먼 지평선Far Horizons』에 수록해 출간한다. 이는 2002년 르 귄의 소설집 『세상의 생일』에 다시 포함된다. 〈로스앤젤레스 타임스〉가 주관하는 로버트커시평생공로상Robert Kirsh Lifetime Achievement Award 을 받는다.

2000 『텔링The Telling』('헤인 우주' 시리즈)을 출간한다. 4월, 미국의회도서관이 미국의 문화유산에 기여한 공로로 르 귄을 작가 및 예술가 부문의 '살아 있는 전설'로 선정한다. 〈로스앤젤레스 타임스〉에서 평생공로상을 받는다.

2001 '어스시' 시리즈 두 권 『어스시의 이야기들』과 『또 다른 바람』을 출간한다. 『텔링』으로 로커스상(소설 부문)을 받는다. 태평양북서부서점협회에서 평생공로상을 받는다. SF 명예의 전당에 오른다.

2002 『어스시의 이야기들』로 로커스상(소설집 부문)을 받는다. 『또 다른 바람』으로 세계환상문학상을 받는다. 「하늘의 물레」가 A&E Network 에 의해 영화로 개봉된다. 미국 SF 판타지 작가협회의 그랜드마스터로 선정된다.

2004	'서부 해안 연대기' 3부작 중 『기프트』를 출간한다. 미국도서관협회가 마거릿에드워즈상Margaret Edwards Award을 수여한다.
2006	『보이스』('서부 해안 연대기' 3부작)를 출간한다.
2007	『파워』('서부 해안 연대기' 3부작)를 출간한다.
2008	마지막 소설 『라비니아』를 출간한다. 『파워』로 네뷸러상(최우수 장편 부문)을 받는다.
2009	『라비니아』로 로커스상(판타지 소설 부문)을 받는다. 12월, 포털사이트 구글이 승인한 책 디지털화 사업에 항의하는 의미로 작가조합에서 탈퇴한다.
2014	전미도서상 공로상을 받는다. 시상식에서 다국적 인터넷 플랫폼 아마존이 출판업계에 행사하는 통제권을 비판한다. 이 연설은 광범위한 언론의 관심을 받았으며, 미국 공영 라디오National Public Radio에 의해 두 번 방송된다.
2016	2000년부터 2016년에 걸쳐 쓴 강연과 에세이, 서평 등을 엮은 『찾을 수 있다면 어떻게든 읽을 겁니다』를 출간한다. 〈뉴욕 타임스〉에 의해

'미국 최고의 살아 있는 SF 작가'로 묘사된다.

2017   미국 예술·문학 아카데미American Academy of Arts and Letters의 회원

이 된다.『찾을 수 있다면 어떻게든 읽을 겁니다』로 휴고상(최우수 관련

도서 부문)을 받는다. 노년과 문학, 페미니즘 등의 폭넓은 주제를 다룬

에세이집『남겨둘 시간이 없답니다』를 출간한다.

2018   1월 22일, 자택에서 생을 마감한다.

단체명·용어·기타

p. 23

Virginia Woolf, *To The Lighthouse*, Hogarth Press, 1927.

p. 24

J. R. R. Tolkin, *The Fellowship of the Ring*, George Allen & Unwin, 1954.

p. 26

George Orwell, *1984*, Secker & Warburg, 1949.

p. 30

Ursula K. Le Guin, *The Dispossessed*, Harper & Row, 1974.

p. 31

Ursula K. Le Guin, *The Left Hand of Darkness*, Ace Books, 1969.

p. 63

Ursula K. Le Guin, "Riding The Coast Starlight," *Going Out with Peacocks*, Harper Perennial, 1994.

p. 65

Ursula K. Le Guin, "The Small Indian Pestle at the Applegate House,"

Late in the Day: Poems 2010-2014, PM Press, 2016.

p. 68

Ursula K. Le Guin, foreword to *Late in the Day: Poems 2010-2014*, PM Press, 2016.

pp. 70–71

Ursula K. Le Guin, "Contemplation at McCoy Creek," *Late in the Day: Poems 2010-2014*, PM Press, 2016.

pp. 78–79

"Muro" & "Wall," *The Selected Poems of Gabriela Mistral*, trans. Ursula K. Le Guin, University of New Mexico Press, 2003.

p. 95

Ursula K. Le Guin, "Living in a Work of Art," *Words Are My Matter: Writing About Life & Books, 2000-2016*, Small Beer Press, 2016.

p. 102

Ursula K. Le Guin, "The Operating Instructions," *Words Are My Matter: Writing About Life & Books, 2000-2016*, Small Beer Press, 2016.

pp. 108-109

Ursula K. Le Guin, "The Beast in the Book," *Words Are My Matter: Writing About Life & Books, 2000-2016*, Small Beer Press, 2016.

pp. 116-117

Ursula K. Le Guin, "Disappearing Grandmothers," *Words Are My Matter: Writing About Life & Books, 2000-2016*, Small Beer Press, 2016.

pp. 128-130

Ursula K. Le Guin, "On Serious Literature," *Words Are My Matter: Writing About Life & Books, 2000-2016*, Small Beer Press, 2016.